molke

Wolfgang Mörth Texte
Günter Bucher Rezepte
Robert Fessler Fotografie

molke

HÄMMERLE

inhalt

Vorbemerkung

Über Molke ist schon viel geschrieben worden. Warum also noch ein Buch zu diesem Thema? Molke bleibt doch Molke, an ihren Inhaltsstoffen und ihrer Wirkung ändert sich doch nichts mehr. Diese Fragen sind im Kern berechtigt. Was sich allerdings von Buch zu Buch unterscheiden kann, ist der Blickwinkel, unter dem ein solches Thema betrachtet und der Stil, in dem darüber geschrieben wird.

Wir haben in diesem Buch versucht, den Schwerpunkt auf die Sachlichkeit der Information zu legen. Das fängt an beim historischen Überblick, der am Beispiel der Molke auch einige interessante Details zur allgemeinen Entwicklung von Medizin und Gesundheitswesen vermittelt, und reicht bis zu den hier beschriebenen konkreten Anwendungen von Molkeprodukten. Wir wollen Sie darüber aufklären, was alles in der Molke steckt, was sie kann, aber auch, wo ihre Anwendung unter Umständen nicht empfehlenswert ist. Auf diesem Weg erfahren sie viel Wissenswertes über die einzelnen Inhaltsstoffe dieses gleichermaßen einfachen wie komplexen Naturprodukts. Und vor allem, wie diese Stoffe die biochemischen Vorgänge beeinflussen, die permanent in unserem Organismus wirksam sind. Sie erfahren aber auch, dass Molke kein Wunder- oder Allheilmittel ist und auch kein Medikament im strengen Sinn des Wortes. Schon hier weisen wir deshalb auf Folgendes hin: Bei allen Krankheitserscheinungen, von denen in diesem Buch die Rede ist, sollten Sie dann, wenn sie Ihnen dauerhaft Schmerzen, Unwohlsein oder Angst verursachen, unbedingt eine ärztliche Praxis aufsuchen, um dort die entsprechenden Behandlungsmethoden abzusprechen.

Dennoch dürfen wir hier behaupten, dass Molke Alltagsbeschwerden wie zum Beispiel Verdauungsprobleme, aber auch Zivilisationskrankheiten wie Gicht oder Übergewicht, um nur einige zu nennen, lindern oder sogar beseitigen kann. Besonders dieser lindernden und vorbeugenden Wirkung der Molke wird in diesem Buch viel Platz eingeräumt, und darüber hinaus dem Plädoyer für einen bewussten Lebensstil im Einklang mit den natürlichen Bedürfnissen unseres Körpers und unseres Geistes.

Bleibt nur noch, Sie auf das in diesem Buch verwendete Bildmaterial hinzuweisen. Mit diesen Bildern wollen wir Sie in eines jener Gebiete in den Alpen führen, wo die Milchwirtschaft auch heute noch nach biologischen Grundsätzen betrieben wird: in den Bregenzerwald. Unter anderem mit einer Bildergeschichte über die Herstellung des berühmten Bregenzerwälder Bergkäses. Für uns alle – Verleger, Fotograf, Grafiker und Autor – die wir in Vorarlberg ansässig sind, ist der Bregenzerwald, soviel Selbstbewusstsein darf sein, *das* Milch- und Käseland. Er ist berühmt für die Qualität seiner Wiesen, seiner Kühe und seiner Milch und damit auch für die Qualität seiner Molke. Wenn wir also hier von Molke reden, dann haben wir immer auch diese Landschaft vor Augen und das jahrhundertealte Wissen um die Verfahren, mit denen dieses hochwertige Naturprodukt gewonnen und verarbeitet wird.

W. M.

Molke – s'Bescht und s'Billigscht

Auf die Frage, was sie denn von Molke halte, antwortete eine Bregenzerwälder Bäuerin ohne zu zögern: „Molke? S'Bescht und s'Billigscht." Treffender kann man das, was Molke ist und kann, eigentlich nicht beschreiben. Sie gehört zum Besten, weil sie ein reines Naturprodukt ist, und billig bedeutet hier nicht in erster Linie, dass sie wenig kostet, sondern, dass ihr Verzehr und ihre Anwendung schlicht eine Selbstverständlichkeit sein sollte.

So selbstverständlich, dass es sich lohnt, ein paar Worte mehr über dieses so einfache Naturprodukt zu verlieren. Schließlich hat sich in den Jahrtausenden, seit sie von den berühmtesten Ärzten der Antike als Heilmittel eingesetzt wurde, das Bewusstsein des Menschen, vor allem sein Drang, Vertrauen durch Wissen zu stärken, enorm entwickelt. Deshalb haben wir hier versucht, die wichtigsten Informationen, aber auch die interessantesten Anekdoten rund um die Molke in anschaulicher Form zusammenzufassen.

Am Ende der Lektüre sollten Sie wissen, wann und in welcher Art die Anwendung von Molke sinnvoll für Sie ist, und warum sie auch heute noch zum Besten zählt, was Sie für Ihr Wohlbefinden tun können.

Die Geschichte eines wundersamen Saftes

Heute sprechen wir in der Regel nicht mehr vom „Wunder Molke", wie es frühere Generationen getan haben, denn inzwischen gibt es genügend einleuchtende Erklärungen dafür, warum Molke so gesund ist. Doch was für die meisten Hausmittel gilt, trifft auch auf die Molke zu. Ihre heilbringenden Wirkungen waren millionenfach erfahrbar, noch ehe sie durch wissenschaftliche Untersuchungen und chemische Analysen belegbar waren. Das jahrtausendealte Wissen über die Heilkräfte der Natur hat auch im Fall der Molke seine Gültigkeit bewiesen; doch sich zu wundern und zu staunen ist, angesichts ihrer vielfältigen Anwendungsmöglichkeiten, auch heute noch angebracht.

Molke – das sanfte Heilmittel der Antike

Prähistoriker wissen, dass seit etwa 15 000 Jahren Käse erzeugt wird. Wir dürfen also davon ausgehen, dass man auch die Anwendungsmöglichkeiten und Wirkungen der Molke seit damals kennt. Erstmals schriftlich überliefert wird ihre Verwendung freilich erst später. Aus der Zeit der Ägypter kennen wir Aufzeichnungen über Molkebäder und Molkemassagen, und die für ihr ausgeprägtes Schönheitsbewusstsein bekannte Kleopatra ist es schließlich, der neben ihrem berühmten Bad in der Eselsmilch auch das in der Molke nachgesagt wird.

Molke bei den alten Griechen

Auch bei den Griechen war die Molke als Stärkungsmittel bekannt. In der vor fast 3 000 Jahren niedergeschriebenen *Odyssee* kann man nachlesen: „Molke dürfte er trinken und so seinen Hintern mästen." Die Art allerdings, wie hier über die Molke geredet wird, deutet nicht nur auf ihre stärkende Wirkung hin, sondern auch auf den schlechten Ruf, den sie in manchen Zeiten genoss. Wir werden noch darauf zurückkommen.

Urvater Hippokrates

So entsteht Molke

Bei der Erzeugung von Käse setzen sich die festen Bestandteile der Milch ab. Zurück bleibt eine wertvolle Flüssigkeit – Molke.

Erstmals in medizinischem Zusammenhang wird die Molke von Hippokrates von Kos erwähnt. Er gilt für viele als Vater der abendländischen Heilkunde und als erster Arzt im modernen Sinn. Noch heute legen unsere Mediziner ihren Eid auf seinen Namen ab und im besten Fall empfehlen auch sie ihren Patienten eine Lebensweise im Einklang mit der Natur. Das nämlich war für Hippokrates die Grundvoraussetzung für ein langes Leben, geprägt von körperlicher und geistiger Gesundheit. Das hippokratische Prinzip ist einfach: Gesundheit durch Aufrechterhaltung der Lebensharmonie, Aufrechterhaltung der Lebensharmonie durch die richtige Zusammensetzung der Körpersäfte, die richtige Zusammensetzung der Körpersäfte durch die richtige Ernährung. Einer der Schlüsselsätze des

Viersäftelehre

Hippokrates glaubte daran,
dass im Körper vier Säfte
zusammenwirken: Blut,
gelbe Galle, schwarze Galle
und Schleim. Gesund ist
der Mensch dann, wenn die
Säfte in einem ausgegli-
chenen Verhältnis stehen.
Normalerweise, so Hippo-
krates weiter, erledigt eine
dem Menschen innewoh-
nende Kraft – die Physis der
Natur – die Kochung dieser
Säfte. Helfer der Natur ist
der Arzt. Er verabreicht
Heilmittel, die den Säfte-
überschuss ausgleichen
sollen.

Hippokrates lautete daher: „Laßt unsere Heilmittel Lebensmittel und unsere Lebensmittel Heilmittel sein." Und deshalb
ist es auch nicht verwunderlich, dass er empfahl, die Wirkung
des „heilsamen Wassers der Milch" zu nutzen.

Es ist überliefert, dass Hippokrates die Molke als Heilmittel
gegen Gicht und Leberbeschwerden, gegen Verdauungsprobleme und Nierenleiden, aber auch bei allgemeiner Körper-
schwäche einsetzte.

Molke bei den alten Römern

Das unmäßige und üppige Dasein der alten Römer, zumindest
jenes der oberen sozialen Schichten, ist sprichwörtlich und gilt
noch heute als Vorbild eines ausschweifenden, dekadenten
Lebensstils. Und wie heutzutage blieb dieser Lebensstil auch
damals nicht ohne Folgen. Stoffwechselstörungen wie Übergewicht, Darmstörungen, Leber-, Gallen- und Nierenleiden,
Hauterkrankungen, Gicht und Rheumatismus waren weit
verbreitete Wohlstandskrankheiten.

Die antiken Mediziner reagierten auf diesen Umstand.
Berühmtestes Beispiel ist Claudius Galenos von Pergamon,
genannt Galen, der auf dem Monte de la Torre zwischen Rom
und Neapel die erste Milchheilstätte errichtete, wo er versuchte,
seine betuchte Klientel von ihren vielfältigen Leiden zu be-
freien. In Kombination mit der Verabreichung von frischen
Heilpflanzen behandelte er seine Patienten vor allem mit
Molketrinkkuren und verhalf so diesem Naturprodukt zum Ruf
eines Wunderheilmittels im gesamten römischen Reich und
darüber hinaus. So wie seine medizinischen Methoden über
Jahrhunderte beispielhaft blieben, machte auch die innerliche
und äußerliche Verabreichung von Molke Schule und wurde
zum wesentlichen Bestandteil des Repertoires erfolgreicher
Ärzte im Römischen Reich.

16

Molke bei Paracelsus

So wie die antike Medizin geprägt war von Hippokrates und Galen, trug die des späten Mittelalters den Stempel von Paracelsus. Für den mitteleuropäischen Raum war er zweifelsohne die herausragende Ärztepersönlichkeit auf dem Weg in die Neuzeit. Er war ein Revolutionär, manche würden sagen ein Querulant, denn er trat ohne Rücksicht auf den Verlauf seiner Karriere als entschiedener Gegner der dogmatischen Medizin auf, die damals noch an den Universitäten gelehrt wurde. Vor allem brach er konsequent mit der hippokratisch-galenistischen Arzneimittelkunde, die nur pflanzliche Heilmittel in den Mittelpunkt stellte. Paracelsus sah im Körper vor allem biologisch-chemische und physikalische Vorgänge wirken, infolge dessen konnten Krankheiten auch durch chemische Mittel beeinflusst werden. Was die Wirksamkeit verschiedener natürlicher Heilmittel anging, stimmte er allerdings mit den alten Lehren durchaus überein. So auch bei der Molke. Es ist überliefert, dass auch Paracelsus sie als sanftes Heilmittel aus der Natur schätzte und zur Anwendung empfahl – ein Beleg dafür, dass unterschiedliche Betrachtungsweisen und Begründungen oft dieselben Schlüsse nach sich ziehen.

Die Molke in der Medizin des 18. Jahrhunderts

Das 18. Jahrhundert war die Zeit der Aufklärung und damit auch eine Zeit revolutionärer Veränderungen in der Selbstwahrnehmung des Menschen. Der Mensch begann sich als Individuum zu begreifen, das in der Lage ist, die Welt zu verändern und vor allem sein eigenes Schicksal zu bestimmen. Das diesseitige Heil war nun wichtiger als das jenseitige und die höchste Instanz für menschliches Verhalten immer weniger die Religion und dafür immer mehr die Natur.
Unter diesem Aspekt begann natürlich schon damals die Sorge des Einzelnen um seine Gesundheit deutlich zu wachsen. Dabei hatten die Gesundheitsbewegungen des 18. Jahrhunderts einen stark moralischen Anspruch. Nur der gesunde Mensch galt als

Galen (Claudius Galenus) (129–211 v.Chr.) stammte aus Kleinasien und war nach Hippokrates der bedeutendste Arzt der Antike. Mit seinen anatomischen Untersuchungen an Tieren und Beobachtungen der Körperfunktionen des Menschen schuf er ein umfassendes System der Medizin („Galenismus"), das mehrere Jahrhunderte die Heilkunde und das medizinische Denken und Handeln der Menschen bestimmte. Etwa um 170 v.Chr. ernannte ihn der römische Kaiser Marc Aurel zum Leibarzt seines Sohnes Commodus. Galen lebte in Rom, wo er unter anderem auch für den Gesundheitszustand der Gladiatoren verantwortlich war.

Paracelsus
Theophrast Bombastus
von Hohenheim (etwa
1495–1540), wurde in
Einsiedeln geboren und
suchte, solange er wirkte,
eine neue Heilkunst, die
nicht auf Bücher, sondern
auf eigene Anschauung und
Erfahrung begründet war.
Er erkannte die Bedeutung
der Seele im Krankheits-
geschehen und beschrieb
zahlreiche bis dahin über-
sehene pathologische
Zusammenhänge. Er gilt
heute als Begründer der
modernen Arzneimittellehre
und als Wegbereiter der
pharmazeutischen Chemie.
Seine wohl bekannteste
These lautet: „Die Menge
macht das Gift (dosis facit
venenum)." Paracelsus
starb verarmt in Salzburg.

ein guter Mensch, könnte man vereinfacht sagen, und berühmte Ärzte wie der Schweizer Simon André Tissot brachten diese Überzeugung in ihren Schriften klar zum Ausdruck: „Die Natur gibt uns, wenn wir unsere Bedürfnisse nach ihrer Vorschrift einrichten, einen starken und gesunden Körper dafür zur Belohnung", belehrte er seine Leser und rechtfertigte damit die „Sitten des Landlebens" als das, was „die Natur selbst vorgeschrieben hat." Kein Wunder also, dass es auch Tissot war, der die Molke als „eines der größten Heilmittel" pries, die es je gegeben hat.

Berühmte deutsche Ärzte heilen mit Molke

Aber auch andere große Persönlichkeiten unter den Ärzten der damaligen Zeit waren Befürworter der Molke. Einer von ihnen war Ernst Ludwig Heim (1747–1834), ein Berliner Original und Liebling vor allem der ärmeren Bevölkerungsschichten. Heim verschrieb Trinkkuren mit Süßmolke und neben den legendären Erfolgen seiner Kuren gilt er als Mitbegründer des modernen Gesundheitswesens in der damaligen Metropole Berlin.
Ein anderer Molkefreund war Christoph Wilhelm Hufeland. Er praktizierte in Weimar, wo ihn auch Goethe, Schiller, Herder und Wieland wegen seines Wissens um die Kraft der Naturheilmittel konsultierten. Hufeland forderte etwas an sich ganz Selbstverständliches: ein ausgewogenes Maß zwischen Askese und Schlemmerei, denn „alle Extreme verhindern die Verlängerung des Lebens."

Objekt der Wissenschaft

Es war auch um die Mitte des 18. Jahrhunderts, als der Molke die ersten wissenschaftlichen Abhandlungen im modernen Sinn gewidmet wurden. Verbesserte Analyseverfahren und der allgemein steigende Bedarf an medizinischem Wissen machte es möglich und notwendig, ihre Wirkungsweise genauer zu erforschen. Und was man immer schon wusste, weil es so viele Menschen am eigenen Leib erfahren hatten, wurde nun nach

Simon André Tissot (1728–1797) wurde bei Lausanne geboren, studierte in Genf und Montpellier, ließ sich als Arzt in Lausanne nieder und leitete 1780–1783 die Klinik in Pavia. Seine Schriften waren sehr populär und wurden in fast alle europäischen Sprachen übersetzt.

Christoph Wilhelm Hufeland (1747–1834) wurde mit seinem 1797 erschienenen Hauptwerk „Die Kunst, das menschliche Leben zu verlängern" – auch bekannt unter dem Kürzel „Makrobiotik" – weltberühmt. Die Schrift erschien sogar in chinesischer Übersetzung. Eine seiner eingängigen Grundsätze lautete: „Vorbeugen ist besser als Heilen!" Hufelands naturheilkundliche und diätetische Prinzipien wirken bis in die ökologische Bewegung unserer Zeit.

und nach durch Zahlen, Fakten und entsprechende Erklärungen belegt. Diese immer bessere Faktenlage war sicher auch ein Grund dafür, dass sich besonders die Gebildeten und Wohlhabenden jener Zeit immer öfter auf die heilenden Wirkungen der Molke verließen.

Kurorte im Molkefieber

Das in dieser Zeit ohnehin florierende Kurwesen stellte sich sehr bald auf die neuen Möglichkeiten ein. Besonders in Deutschland, der Schweiz und Österreich boomten die Molkekuren. Kurorte wie Bad Kissingen und Wildbad Kreuth im Königreich Bayern, weiters Gais, Vevey und Interlaken in der Schweiz und schließlich Bad Ischl im Salzkammergut sind nur einige der vielen, die ihre spätere Berühmtheit vor allem der Molke zu verdanken haben. Es dauerte nicht lange und Molke avancierte zum Modemedikament Nummer eins. In den entsprechenden Kurorten trafen alle zusammen, die etwas auf sich hielten, und ließen sich auf Gicht, Darmbeschwerden und Hautkrankheiten behandeln. Höhepunkt dieser Entwicklung war sicher das Phänomen, dass sich ab der Mitte des 19. Jahrhunderts der gesamte europäische Hochadel in Molke badete, Molke trank und sich in Molkekurorten verwöhnen ließ. Kunden waren unter anderem der bayrische König mit Familie, die Frau des russischen Zaren Nikolaus I, Alexandra Feodorowna, und vor allem die Kaiserin Elisabeth und Kaiser Franz Joseph von Österreich, die sich immer wieder mit ihrem Gefolge in Wildbad Kreuth aufhielten.

Molkekuren im 19. Jahrhundert

In allen Molkekurorten war der Ablauf in etwa der gleiche. Sehr früh am Morgen wurde die Molke in die Kuranstalten gebracht, damit sie ganz frisch, manchmal sogar noch lauwarm, getrunken werden konnte. Die Bauernhöfe mussten entsprechend nahe liegen, denn längere Transportstrecken hätte die Molke damals, ohne Möglichkeiten der Konservierung, nicht überstanden, ohne zu verderben.

Eine Kur dauerte meist etwa drei Wochen. Besonderer Wert wurde dabei auf die austreibende Kraft der Molke gelegt. Versprochen wurde von den Kuranstalten, dass sie Stoffwechselabfälle und Krankheitsstoffe ausleite, als sanftes Abführmittel sowie harntreibend wirke und somit die Entschlackung des Körpers fördere und damit Giftstoffe und überflüssiges Gewebswasser aus dem Körper ausspüle. Und diese Versprechen wurden auch gehalten, denn anders wäre die anhaltende Popularität der Kuren mit dem „Serum der Milch", die unterstützt wurden von Massagen, Bädern und Behandlungen mit verschiedenen Heilkräutern, nicht erklärbar gewesen.

Absturz zum Schweinefutter

Anfang des 20. Jahrhunderts endete schließlich der Höhenflug der Molke. Mit dem Zeitalter zunehmender Industrialisierung und Modernisierung war die Nähe zum Vieh, die mit einem Milchprodukt wie diesem gegeben war, wohl nicht mehr fein genug. Die Kurorte verlegten sich auf unkompliziertere Anwendungen mit Heilwässern, und auch bei den Medizinern geriet die heilende Wirkung des „Milchserums" langsam in Vergessenheit.

Mit ein Grund war sicher auch die schlechte Lagerfähigkeit der Molke und damit der unwirtschaftliche Umgang mit diesem Produkt. Denn noch waren keine wirkungsvollen Konservierungsmethoden verfügbar.

Die Molke wurde zum Restprodukt aus der Käseerzeugung degradiert und noch bis etwa 1970 landete der größte Teil beim Abwasser oder wurde an Tiere, vor allem an Schweine, verfüttert. „Molke dürfte er trinken und so seinen Hintern mästen" steht wie bereits erwähnt bei Homer, und wenn man bedenkt, dass diese Kur einem Sauhirten empfohlen wird, klingt auch dort an, in welchem Zusammenhang die Molke schon bei den Griechen mitunter Verwendung fand.

Molke – das neue Wasser aus dem Jungbrunnen

Molke ist sogar noch wertvoller als Käse.

Doch die Geschichte der Molke ist damit nicht beendet. Im Gegenteil. Schaut man sich die Entwicklung der letzten zwanzig Jahre an, kann man sich des Eindrucks nicht erwehren, sie habe erst begonnen.

Anfang der 80er-Jahre, mit dem vehement einsetzenden Fitnessboom, eroberten plötzlich Fruchtmolkegetränke die Kühlregale der Supermärkte. Molke fand seinen Weg zurück ins Bewusstsein jener, die sich mit Wellness- und Gesundheitsfragen beschäftigten. Immer mehr Menschen machten die Erfahrung, dass erst das Zusammenwirken von bewusster Ernährung, ausreichender Bewegung und entspannter Gelassenheit zu einem ganzheitlichen Wohlbefinden führt. Das Bedürfnis, im Einklang mit der eigenen Natur, mit den natürlichen Rhythmen des eigenen Körpers zu leben, begünstigt seither die Akzeptanz und damit die Verwendung von Molkeprodukten. Die Meinung hat sich gewandelt. Heute ist oft zu hören: „Eigentlich ist Molke sogar ein wertvolleres Nahrungsmittel als Käse!" Und berücksichtigt man das günstige Verhältnis von hochwertigen Inhaltsstoffen zum Kaloriengehalt, dann kann man dem nur zustimmen.

von der wiese zum Bergkäse

Im österreichischen Bregenzerwald wird auf traditionelle Art ein einzigartiger Bergkäse hergestellt. Auf dem Weg dorthin wird auch die wertvolle Molke gewonnen.

Der Bregenzerwald ist bekannt für sein saftiges, gesundes Gras.

Hier wachsen die Kühe in natürlicher Umgebung auf ...

... und geben deshalb
auch eine gesunde Milch.

Für die Käseherstellung wird
die Milch zuerst gewogen ...

... dann gesiebt ...

... und schließlich in die
„Gebsen" gefüllt, wo sich
über Nacht Rahm an der
Oberfläche bildet.

Am nächsten Tag wird dann ...

... der wertvolle Rahm mit
der Lochkelle abgeschöpft.

... schonend erwärmt.

Im Sennkessel wird die
entrahmte Milch ...

Nach dem Beifügen von Lab
aus dem Kälbermagen dauert
es nicht lange und die Milch
dickt sich zur Gallerte ein.

Diese Gallerte wird mit der
„Schapfe" zuerst grob ...

... und dann mit der „Harfe"
fein geschnitten.

Unter ständigem Rühren
wird dieser „Käsebruch"
nun erwärmt.

Hat das Kasein schließlich
den richtigen Reifegrad
erreicht …

...wird die Masse aus dem
Sennkessel gehoben.

Weil für die Herstellung von Bergkäse
die Gallerte sehr fein geschnitten wurde,
bleibt viel Molke im Kessel zurück.

Für einen Laib Bergkäse ist so
viel Käsemasse erforderlich ...

... dass ihr Gewicht nur mit mecha-
nischer Hilfe zu bewältigen ist.

Von der Oberfläche der im Kessel
verbliebenen Molke wird später das
restliche Fett abgeschöpft ...

... und kann weiter
verarbeitet werden.

Die Käsemasse wird nun
in Formen gelegt ...

... und sauber in Tücher
verschnürt ...

... für die Pressung
vorbereitet.

Bis zu sechs Mal wird der
Käse gepresst...

... und wieder in neuen
Tüchern „trocken gelegt".

Nun fängt die Zeit der
Reifung an ...

... und damit auch das
Wenden der Käselaibe ...

... und das sorgfältige
Pflegen der Oberfläche ...

... und das immer wieder
Wenden und Pflegen und
Warten ...

... bis nach vielen Monaten der
Bregenzerwälder Bergkäse
seinem Ruf als würziger, edler
Hartkäse gerecht werden kann.

Der Wert der Molke

Die Molke hat ihre historische Krise überwunden und ist heute wieder in aller Munde. Ein Grund dafür war sicher die Lösung eines der Hauptprobleme bei ihrer Verwendung, nämlich ihre schlechte Haltbarkeit. Heute wendet man Konservierungsmethoden wie Pasteurisierung, Schockgefrieren oder Sprühtrocknung zur Herstellung von Molkepulver an und macht damit Lagerung, Transport und Weiterverarbeitung der Molke möglich, ohne ihre Qualität zu beeinträchtigen. Anders käme das große Angebot an Molkeprodukten, in denen ein Großteil der wertvollen Inhaltsstoffe noch enthalten ist, gar nicht in die Kühlregale unserer Lebensmittelgeschäfte, Reformhäuser und Apotheken.

Wie Molke entsteht

Was wir eingangs schon kurz erwähnt haben, jetzt ein wenig ausführlicher: Molke ist jene Flüssigkeit, die bei der Käseherstellung übrig bleibt. Technisch gesprochen entsteht sie dann, wenn die Milch dick gelegt wird, also wenn Kasein, Fett und Eiweiß ausgefällt werden. Die Milch kann man auf mehrere Arten sauer machen. Wird ihr Lab zugesetzt, ein Enzym aus dem Kälbermagen, entsteht Süßmolke. Das tut man in der Regel, wenn man Weichkäse herstellt. Fügt man Milchsäurebakterien bei – das geschieht bei der Erzeugung von Hartkäse – erhält man Sauermolke. Eine dritte Art von Molke, man spricht von technischer Molke, fällt dann ab, wenn man der Milch Salz- oder Schwefelsäure beimengt. Die technische Molke wird allerdings in erster Linie für industrielle Zwecke verwendet, weshalb die bloße Erwähnung an dieser Stelle genügt.

Was Molke enthält

Allein die Auflistung der Inhaltsstoffe unterstreicht auf anschauliche und zeitgemäße Art, was man immer schon über die Molke wusste: Diese im Rohzustand so unscheinbare Flüssigkeit hat es buchstäblich in sich.

Alles Gesunde der Milch ist auch in der Molke enthalten.

Inhaltsstoffe der Molke

Wasser; Milchzucker; Milchsäure; hochwertiges Molkeneiweiß; Fett (sehr wenig); Mineralstoffe: Kalzium, Eisen, Kalium, Kupfer, Magnesium, Natrium, Phosphor, Zink; Vitamine: A, B1, B2, B6, B12, C, E und H; Orotsäure (auch B13).

Grundsätzlich gilt, dass alles, was die Milch an Gesundem enthält, auch in der Molke zu finden ist. Lediglich Fett und Kasein, also jene Bestandteile, die für den Menschen ohnehin recht schwer verdaulich sind, verbleiben nach der Dicklegung zum größten Teil in der Käsemasse.

Eine Frage, die häufig gestellt wird, nämlich: Ist Molke und Milchserum dasselbe?, kann hier gleich beantwortet werden – genau genommen, nein. Das Milchserum ist eine beinahe farblose Flüssigkeit, die durch Abtrennen der in der Molke noch vorhandenen Eiweiße gewonnen wird. Milchserum enthält im Gegensatz zur Molke nur noch die wasserlöslichen Bestandteile der Milch, also Lactose, Mineralstoffe und wasserlösliche Vitamine.

Molke ist das kalorienärmste Milchprodukt.

Molke ist nahezu fettfrei

Molke ist also nahezu fettfrei und deshalb das kalorienärmste aller Milchprodukte. Das ist auch der Grund, warum sie vor allem im Zusammenhang mit Diätkuren häufig genannt wird. Besonders bei Diäten ist es nämlich wichtig, auf die ausreichende Versorgung mit Flüssigkeit und hochwertigen Nährstoffen zu achten. Da Molke reich an hochwertigem Eiweiß, Vitaminen, Spurenelementen und Mineralstoffen ist, gehört sie für jene, die abspecken wollen oder müssen, zu den idealen Flüssigkeitslieferanten. (Näheres siehe Seite 60 ff.)

Das Wundermittel?

Sowohl die innere, als auch äußere Anwendung von Molke ist gesund, daran besteht kein Zweifel. Kein Mythos hält sich so lange, wenn nicht das Meiste daran wahr ist. Dennoch wollen wir uns hier allzu euphorischer Darstellungen der Heilmöglichkeiten enthalten, damit die Erwartungen nicht unnötig überzogen werden. Wir sprechen von Wirkungen, aber nicht von Wundern, wir empfehlen die Molke als einen wichtigen Teil der Ernährungspalette, aber nicht als allein selig machendes Elixier. Auch was die medizinischen Effekte der Molke angeht, gibt es noch zu wenige klinische Studien, als dass man sie als Grundlage für die Erhebung der Molke in den Status eines Medikaments heranziehen könnte. Das ist auch gar nicht nötig. Es genügt der Hinweis auf die oft untersuchten positiven Auswirkungen ihrer einzelnen Inhaltsstoffe und auf den Umstand, dass Molke ein Produkt ist, in dem diese Stoffe in hochwertiger Form und vor allem im natürlichen Verbund vorliegen.

Die Inhaltsstoffe und ihre Funktionen

Alles Leben kommt aus dem Wasser.

Nicht zu vergessen: Wasser

Es ist nicht übertrieben zu sagen, dass wir im Grunde Geschöpfe des Wassers sind. Alles Leben, das erzählen schon die ältesten Mythen der Menschheit und das erklären uns heute auch die Naturwissenschaftler, kommt von dort. Noch nach Äonen der Entwicklung gibt unser Organismus deutliche Zeichen dieser Herkunft. Es ist wohl kein Zufall, dass der durchschnittliche Salzgehalt unseres Körpergewebes dem des Meeres entspricht, und es ist evident, dass wir Menschen ohne Wasser in kürzester Zeit zu Grunde gehen.

Profaner beschrieben heißt das: Der Wassergehalt unseres Körpers sollte zwischen 50 % und 60 % liegen und der Umsatz an Flüssigkeit muss so hoch sein, dass die Nieren stets ausreichend durchgespült werden. Die Angaben, wie viel es sein sollte, variieren. Allgemein gilt ein Minimum von 1,5 Litern täglich, es kann aber auch mehr sein. Und obwohl es inzwischen allgemein bekannt sein sollte, erwähnen wir es hier zur Sicherheit noch einmal: Kaffee, Schwarztee und Alkohol wirken sich, zum Leidwesen der Genießer, ungünstig auf den Flüssigkeitshaushalt unseres Körpers aus, vor allem, weil sie harntreibend wirken und das Zellgewebe austrocknen.

Flüssigkeitsbedarf bei Kindern

Untersuchungen zeigen, dass besonders Kinder und hier eher die Mädchen generell zu wenig Flüssigkeit zu sich nehmen. Für 4- bis 9-jährige Kinder wird eine Zufuhr von 0,8 bis 0,9 Liter

Tipp

Schon 2 bis 3 Gläser Molke täglich im Rahmen einer gesunden Ernährung übers ganze Jahr tun dem Körper gut.

Nützliche Getränke

Für die Deckung des täglichen Flüssigkeitsbedarfs können dienen: Leitungswasser, natriumarmes Mineralwasser (unter 50 mg Natrium pro Liter), Kräuter- oder Früchtetees (wenn sie nicht zu lange ziehen), klare Suppen (solange sie salzarm sind) und fettarme Milchprodukte wie Molke.

Hinweis

Es ist zu beachten, dass bei Herzschwäche oder bei einer Neigung zu Ödemen die Flüssigkeitszufuhr geringer sein sollte, als allgemein empfohlen wird. Die Menge muss gegebenenfalls mit dem Arzt abgesprochen werden.

Getränken am Tag empfohlen. Getrunken werden jedoch nur etwa 0,5 bis 0,7 Liter. Das ist umso bedenklicher, als wir heute wissen, dass ausreichendes Trinken vom Kindheitsalter an vorbeugend gegen viele Erkrankungen wirkt. Zum Beispiel ist Kalzium gerade im Wachstumsalter für ein optimales Knochenwachstum wichtig und es gilt als wirksam bei der Vorbeugung gegen Altersosteoporose. In diesem Zusammenhang wird besonders die Wichtigkeit von Milchprodukten für die Ernährung von Kindern immer wieder betont. Für einjährige Kinder empfiehlt man einen Verzehr von 300 Gramm Milch bzw. von Milchprodukten am Tag und für 15- bis 18-jährige Jugendliche 450−500 Gramm. Immer öfter wird auch die Molke als ein fett- und natriumarmes, aber kalzium- und vitaminreiches Getränk für den täglichen Gebrauch empfohlen. Denn besonders was Kalzium angeht, wird von unserem Organismus das aus der Molke wesentlich besser aufgenommen als das aus Mineralwässern.

Milchzucker

Zucker genießt ja seit längerer Zeit keinen besonders guten Ruf mehr. Dennoch muss gesagt werden: Die verschiedenen Zuckerarten sind notwendige Treibstoffe für unseren Körper. Traubenzucker ist dabei besser verträglich als gewöhnlicher Haushaltszucker und Milchzucker (Lactose) eignet sich am allerbesten. Sogar auf dem Speiseplan von Diabetikern findet er deshalb Platz.

Milchzucker ist zu 5 % in der Molke enthalten. Sauermolke enthält etwas weniger als Süßmolke. Die Süßkraft des Milchzuckers ist im Vergleich zu der des Haushaltszuckers nur gering, sowohl was seinen Geschmack, als auch, was seinen Energiegehalt angeht. Chemisch gesprochen ist Milchzucker ein Zweifachzucker. Die beiden Bestandteile, nämlich Glucose und Galactose, werden bei der Verdauung aufgespalten und separat verwertet. Die Glucose wird vom Magen direkt in die Blutbahn befördert, die Galactose wird erst in der Leber in Glucose umgewandelt und kommt dann über den Darm ins Blut. Dieser zweigeteilte Vorgang bewirkt einen langsamen, gleichmäßigen Anstieg und Abfall des Blutzuckerspiegels, und es entsteht eine Art Depot, aus dem sich der Körper lange mit Energie versorgen kann. Besonders im Zusammenhang mit der Ernährung von Ausdauersportlern, aber auch von Diabetikern ist dieser Umstand erwähnenswert.

Verdauung

Wir alle wissen, wie wichtig ein regelmäßiger Stuhlgang ist und wie wohl wir uns fühlen, wenn Gifte und Abbauprodukte des Stoffwechsels unseren Körper zur rechten Zeit verlassen. „Alle Philosophie ist eine Frage der Verdauung", haben schon weisere Leute gewusst, und wenn man für Philosophie das Glücksgefühl einsetzt, das man bei der Erkenntnis von Zusammenhängen des Lebens verspürt, dann ist die Bedeutung unserer Darmtätigkeit wohl angemessen beschrieben. Weniger philosophisch betrachtet heißt das: Bedenkt man, dass täglich bis zu eineinhalb Liter Gallenflüssigkeit, in der alle Abbaustoffe aus der Leber enthalten sind, in unseren Darm gelangen, dann können wir ermessen, wie groß die Gefahr einer Verunreinigung ist, wenn ein Teil dieser Stoffe zurück in die Blutbahn gelangt. Das vergiftet nicht nur unseren Körper, sondern mit der Zeit auch unsere Gedanken. Und umgekehrt.

Wirkungen des Milchzuckers

Wie schon erwähnt, wird Milchzucker zu einem großen Teil im Darm abgebaut. Bei Säuglingen und Kleinkindern ist das noch anders. Sie bilden zur Spaltung des Milchzuckers ein spezielles Enzym (Lactase), das die Verdauung von Milchzucker bereits im Magen vollzieht. Bei der späteren Umstellung des Organismus auf die Verdauung von Mischkost wird die Produktion von Lactase nach und nach eingestellt und der Milchzucker wird bis in den Darm weiterbefördert. Bei diesem Umstellungsprozess des Verdauungsvorgangs wird auch die Zusammensetzung der Darmflora verändert. Salopp gesprochen könnte man sagen, der Darm lernt langsam den Milchzucker als Energielieferanten zu schätzen. Bestimmte nützliche Darmbakterien verarbeiten den Milchzucker zu Milchsäure und in dem nun entstehenden sauren Darmmilieu sterben unerwünschte Bakterien ab. Die Folge ist ein im besten Fall ausgeglichenes Verhältnis zwischen Aufnahme von Nahrung und Darmentleerung. Der Stuhl wird weicher und ist dennoch von guter Konsistenz und er bleibt nicht so lange im Darm liegen, weil Milchzucker die Bewegungen des Darms und damit die Verdauung anregt.

Funktion der Milchsäurebakterien

Milchsäurebakterien kennen wir vor allem von der Joghurt-Herstellung. Sie sind schon immer zu diesem Zweck verwendet worden, nur wird in letzter Zeit in der Werbung besonders darauf hingewiesen. Grund dafür ist, dass die Ernährungs-wissenschaftler inzwischen unter den vielen Joghurtbakterien, die es gibt, bewusst solche auswählen, die die Darmflora am wirkungsvollsten unterstützen.

Die Milchsäurebakterien gehören zu jenen Bakterien bzw. Mikroorganismen, ohne die unser Körper nicht lange überleben könnte. Sie überziehen die Darmschleimhaut wie ein Teppich und stellen eine Barriere für die meisten Krankheitserreger dar. Sie wirken als Schutztruppen, die unser Immunsystem stimulieren, und wie andere Bakterien, mit denen der menschliche Organismus eine Kooperation eingegangen ist, verhindern auch sie das Wachstum schädlicher Artgenossen. Milchsäurebakterien sind in der Lage, bestimmte Eiweiße, Vitamine, Hormone und Enzyme, die dem Körper nicht in ausreichender Menge zugeführt werden, selbst zu produzieren. Eine echte Symbiose: *Wir* ernähren sie mit Milchzucker und bieten ihnen Schutz in unserem anaeroben (sauerstofflosen) Inneren, *sie* schützen uns vor gefährlichen Einflüssen und schaffen bei Bedarf einen Nährstoffausgleich. Im Dickdarm, der mit den meisten Bakterien besiedelt ist, sorgen sie zudem für eine optimale Verwertung der bis dahin noch unverdauten Faserstoffe der Nahrung.

Wirkungen der Milchsäure

Das ist der richtige Ort, um etwas näher auf die Funktion der Milchsäure beim Verdauungsvorgang einzugehen. Weiter oben haben wir bereits über das saure Milieu gesprochen, das der Darmtätigkeit so gut tut. Dieses Milieu entsteht durch die Bildung von Milchsäure, die Milchsäure wiederum entsteht, wenn Milchsäurebakterien Milchzucker verzehren.

Unter dem Einfluss dieser Milchsäure sinkt also der PH-Wert im Darm und verhindert das Wachstum von schädlichen Bakterien, wodurch Gärungsvorgänge und Gasbildung unterdrückt werden. Auch eine hemmende Wirkung auf das Wachstum des Hefeschimmelpilzes Candida albicans, der als Ursache für zahlreiche Beschwerden angesehen wird, wurde beobachtet. Zudem wird die Regeneration der Darmschleimhaut begünstigt, die Darmflora aktiv saniert und die natürliche Abwehrkraft des Körpers gestärkt. Dadurch verbessert sich der gesamte körpereigene Stoffwechsel und es werden weniger Abfall- und Giftstoffe produziert. Das wiederum entlastet die Leber, die nun ihre Energie dazu nutzen kann, den Körper weiter zu entschlacken.

Rechts- und linksdrehende Milchsäure

Dass es Milchsäure gibt, wissen wir bereits seit über 200 Jahren, die Verwendung der Begriffe rechtsdrehende bzw. linksdrehende Milchsäure ist neueren Datums. Zwar sind die beiden Spielarten chemisch kaum auseinander zu halten, dennoch gibt es einen wesentlichen Unterschied. Unser Körper selbst nämlich produziert nur rechtsdrehende Milchsäure – sie kommt im Blut, in den Muskeln, in der Niere und auch in anderen Organen vor – und er kann auch nur die rechtsdrehende Milchsäure nutzbringend verwerten. Kein Wunder also, dass rechtsdrehend fast so etwas wie ein Modewort in der Sprache der Ernährungswissenschaft geworden ist. Man tut allerdings der linksdrehenden Schwester Unrecht, wenn man behauptet, sie wäre schädlich. Richtig ist vielmehr, dass unser Körper diese Art der Milchsäure ohne Probleme abbaut.

Darmflora

Wie wichtig eine gesunde Darmflora sein kann, erläutert eine interessante Anekdote. Während einer Ruhrepidemie im rumänischen Sumpfgebiet im Jahr 1916 blieb nur ein einziger Soldat gesund. Der Grund: seine Darmflora war so stabil, dass er nicht angesteckt werden konnte. Züchtungen, die im Labor aus seinen Darmbakterien gewonnen wurden, sind heute noch als Medikament erhältlich und haben inzwischen schon vielen Menschen, vor allem bei schweren entzündlichen Erkrankungen des Darmes, zu neuer Gesundheit verholfen (Zitiert nach Angerstein).

44

Diese Begriffe stammen aus
der chemischen Milchsäure-
analyse und bezeichnen das
unterschiedliche Verhalten
eines polarisierten Licht-
strahls, wenn er durch zwei
verschiedene Formen von
Milchsäure in wässriger
Lösung hindurchgeschickt
wird. Einmal dreht er sich
nach links, das andere Mal
nach rechts.

*Ohne Proteine
funktioniert unser
Körper nicht.*

Energie aus dem Eiweiß

Bevor wir uns mit dem Eiweiß der Molke beschäftigen, das
etwas ganz Besonderes ist, ein paar allgemeine Worte zu den
Eiweißen (oder Proteinen).

Neben den Fetten und den Kohlehydraten sind die Proteine
jene Bestandteile der Nahrung, aus denen wir Energie beziehen
können. Proteine kommen in der lebenden Natur in großer
Vielfalt vor. Auch in unserem Körper spielen sie eine wesentliche Rolle bei der Aufrechterhaltung vieler seiner Funktionen.
Vor allem brauchen wir sie zum Aufbau und zur Erhaltung von
Organen, Muskeln, Gewebe, Knorpeln und Körperzellen. Nur
dies zur Verdeutlichung: Der Proteinanteil in den Zellen liegt
bei mehr als 70 % der Trockenmasse. Außerdem sind Proteine
zur Produktion und zur Erhaltung von Enzymen, Hormonen
und Abwehrstoffen nötig.

Es würde zu weit führen, im Einzelnen aufzuzählen, was alles
genau wir den Proteinen zu verdanken haben. Hier nur ein paar
Beispiele, die ihre Bedeutung unterstreichen:

• Ohne Proteine könnten die Muskeln nicht kontrahieren und
  der Darm könnte nicht verdauen.
• Ohne Proteine geriete der Zuckerspiegel in unserem Blut
  außer Rand und Band und der Sauerstofftransport wäre un-
  terbrochen, denn sowohl Insulin, als auch Hämoglobin (der
  Farbstoff der roten Blutkörperchen) bestehen aus Proteinen.
• Die Antikörper unseres Immunsystems sind Proteine und
  auch die Chromosomen, also die Träger der Gene und damit
  der Erbinformationen für die Lebensfunktionen aller Zellen,
  sind aus Nukleinsäuren und Proteinen zusammengesetzt.

Aminosäuren

Proteine sind aus Aminosäuren aufgebaut. Wird Protein verdaut, spaltet es sich in seine Aminosäuren auf und entfaltet so
seine Wirkungen in unserem Körper. Es sind bisher 80 natürlich
vorkommende Aminosäuren bekannt. 22 davon kommen in den

Aufbau der Proteine

Proteine sind hochmoleku-
lare stickstoffhaltige Natur-
stoffe, die in unterschied-
licher Form vorkommen.
Das reicht vom langen, fa-
serigen, unlöslichen Typ,
wie beim Haar und Binde-
gewebe, bis hin zum kom-
pakten, wasserlöslichen
Typ, der Zellmembranen
überwindet und chemische
Reaktionen in Gang setzt.

*Molkeneiweiß ist das
hochwertigste Protein
in der Natur.*

Nahrungseiweißen vor. Wiederum acht davon sind für den Menschen essentiell. Essentiell heißt, sie werden nicht oder nur in ungenügendem Ausmaß vom Körper selbst durch Biosynthese bereitgestellt und müssen daher mit der Nahrung aufgenommen werden. Wenn auch nur eine einzige essentielle Aminosäure zu wenig oder gar nicht vorhanden ist, wird die Wirksamkeit aller anderen entsprechend eingeschränkt.

Molkeneiweiß

Der Eiweißgehalt der Molke ist zwar nur gering, nämlich 5 %, dafür ist das Molkeneiweiß das hochwertigste, das in der Natur vorkommt. Es zählt, wie alle Eiweiße tierischen Ursprungs, zu den vollständigen Eiweißen, das heißt, es enthält alle für den Menschen wichtigen essentiellen Aminosäuren. Aber nicht alle vollständigen Eiweiße sind gleich gut. Sie unterscheiden sich sowohl, was ihre Verdaulichkeit, als auch, was ihre Wertigkeit angeht. Weil es kein Kasein mehr enthält, ist das Molkeneiweiß zum Beispiel leichter verdaulich als das Eiweiß der Milch und auch seine Wertigkeit ist höher, weil die spezielle Kombination der Aminosäuren für uns Menschen besonders gut nutzbar ist. Seine Güte liegt auch über der von Eiern, Fleisch oder Fisch. Diese hohe biologische Wertigkeit führt dazu, dass nur wenig Molkeneiweiß nötig ist, um damit eigenes Körpereiweiß aufbauen zu können. Sportler, besonders jene, die Kraftsportarten ausüben, nutzen seit langem diesen Vorzug und verwenden Molke-Eiweißdrinks, um ihre Muskeln mit konzentrierter Energie zu versorgen. Aber auch im Rahmen von Fastenkuren spielt Molke oft eine wichtige Rolle. Wer abnehmen will, sollte zwar die Aufnahme von Kohlehydraten und Fetten verringern, nicht aber auf Eiweiß verzichten, da der Körper sonst beginnt, die eigenen Protein-Reserven abzubauen. Molke kann das verhindern, denn sie enthält viel hochwertiges Eiweiß bei gleichzeitig wenigen Kalorien.

Vollständiges und unvollständiges Eiweiß

Das vollständige Eiweiß: Es sorgt für das richtige Gleichgewicht zwischen den 8 essentiellen Aminosäuren und kommt in Nahrungsmitteln tierischen Ursprungs vor, z.B. Fleisch, Geflügel, Fisch, Eier, Milch, Käse und auch Molke.
Das unvollständige Eiweiß: Ihm fehlen bestimmte essentielle Aminosäuren und es kann allein nicht ausreichend umgesetzt werden. Es ist in Nüssen, Erbsen, Getreidekörnern und Bohnen enthalten.

Wertigkeit und Verdaulichkeit des Molkeneiweiß

Das Eiweiß der Kuhmilch ist in seiner Wertigkeit geringer einzustufen, weil es neben dem Molkeneiweiß auch noch einen hohen Anteil am Protein Kasein enthält. Kasein ist für uns Menschen relativ schwer verdaulich, da es beim Kontakt mit der Magensäure ausflockt und sich vom wässrigen Teil der Milch trennt. Das reine Molkeneiweiß hingegen bereitet uns in dieser Hinsicht kaum Probleme.

Biologische Wertigkeit* von Nahrungseiweiß

Molke	104	Soja	84
Hühnerei	100	Bohnen	73
Kartoffel	98	Weizen	59
Rindfleisch	91	Ei + Kartoffel	136
Kuhmilch	88	Ei + Milch	122
Käse	85		

* Die biologische Wertigkeit gibt an, wie viel Gramm Körpereiweiß bei einem Erwachsenen durch den Verzehr von 100 Gramm Nahrungseiweiß aufgebaut werden können. Beispiel: Aus 100 Gramm Eiweiß eines Hühnereis können 100 Gramm Körpereiweiß entstehen.

Molkeneiweiß – das gesunde Protein

Wir haben es bereits erwähnt: Da Molke alle essentiellen Aminosäuren in einer für den Menschen gut nutzbaren Form und Kombination enthält, ist sie auch ein guter Träger für die positiven Wirkungen dieser wichtigen Eiweißbausteine. So entsteht beim Abbau des Molkeproteins zum Beispiel das an verschiedenen Stoffwechselprozessen beteiligte Glutathion. Glutathion zählt zu den wichtigsten Entgiftungssubstanzen und bekämpft besonders wirkungsvoll die für unsere Zellen gefährlichen freien Radikalen.

Molkeneiweiß kurbelt die Fettverbrennung an.

Die Molke-Eiweißstoffe kurbeln auch die Fettverbrennung an. Dies geschieht durch die Entstehung der für den Fettabbau unerlässlichen Stoffe Albumin und Carnetin. Bildhaft könnte man sagen, Albumin und Carnetin klammern sich an die Fette und transportieren sie durch das Blut an jene Stellen in den Zellen, an denen die Fettsäuren verarbeitet werden.

Dem Molkeneiweiß wird auch nachgesagt, dass es die körpereigenen Abwehrkräfte steigere. Die biochemische Erklärung dafür ist, dass bei der Verdauung des Molkeproteins Immunglobuline entstehen, die den Organismus dazu anregen, mehr Antikörper zu bilden. Da Molkeneinweiß keine Purinverbindungen enthält, eignet es sich auch für Diäten zur Senkung des Harnsäuregehalts im Blut. Zu hohe Harnsäurewerte können zu Gicht und in weiterer Folge auch zu Störungen der Nierenfunktion bzw. zu Nierensteinen führen.

Und nicht zuletzt vermuten manche Experten, dass beim Verzehr von Molke der Serotoninspiegel im Blut ansteigt. Von Serotonin wissen wir, dass zu wenig davon zu depressiven Verstimmungen führen kann.

Serotonin

Es wird aus der auch in der Molke enthaltenen essentiellen Aminosäure Tryptophan gebildet. Ob das Hochgefühl, von dem viele Menschen berichten, die eine Molkekur gemacht haben, ausschließlich von der ausreichenden Zufuhr von Serotonin und den damit zusammenhängenden chemischen Prozessen im Gehirn herrührt, ist schwer nachweisbar.

Albumin

Albumin wird in der Leber gebildet und gehört zur großen Gruppe der Plasmaproteine. Es macht ungefähr 60 % der gesamten Plasma-Eiweißmenge im Blut aus. Die Hauptaufgabe des Albumin ist die Aufrechterhaltung des so genannten kolloidosmotischen Drucks, der die Flüssigkeitsverteilung im Körper bestimmt. Albumin ist darüber hinaus ein wichtiges Transportprotein. Zum Beispiel Fettsäuren, Penizillin, Kalzium und viele andere Stoffe werden an Albumin gebunden im Blut durch den Körper transportiert.

Carnetin

Es wird aus den essentiellen Aminosäuren Methionin und Lysin gebildet und ist im Körper überwiegend in der Skelettmuskulatur, im Herzmuskel und in der Leber zu finden. Carnetin übernimmt wie das Albumin Transportaufgaben im Blut. Es transportiert zum Beispiel die Fettsäuren innerhalb der Zellen zu den Mitochondrien, wo die Nährstoffe in Energie umgesetzt werden.

Mineralstoffe und Spurenelemente in der Molke

Das Wichtigste gleich zu Beginn: Unser Körper kann Mineralstoffe und Spurenelemente lediglich speichern, nicht aber selbst bilden. Sie müssen deshalb zur Gänze mit der Nahrung aufgenommen werden.

Mineralstoffe und Spurenelemente sind für den menschlichen Organismus lebenswichtig. Ohne sie würde unser Stoffwechsel nicht funktionieren. Generell gilt, dass sie relativ gleichmäßig in allen Körperflüssigkeiten gelöst sind und dort eine regulierende Wirkung auf unseren Wasserhaushalt ausüben. Da sie in Form von Ionen vorkommen, die eine elektrische Ladung besitzen, können sie vom Körper zur Weiterleitung von Informationen vor allem in den Nerven und Muskeln genutzt werden. Eine wichtige Aufgabe der Ionen ist auch die Neutralisierung von Säuren und Basen, die während des Stoffwechselprozesses im Körper entstehen. Darüber hinaus könnten viele Hormone und Enzyme ohne Spurenelemente als deren wichtige Bestandteile ihre vielfältigen Steuerfunktionen nicht erfüllen.

In der Molke sind die wichtigen Mineralstoffe Kalium, Kalzium, Magnesium und Phosphor sowie die Spurenelemente Eisen, Zink und Kupfer enthalten.

Kalium

Besonders erwähnenswert ist der hohe Kaliumgehalt der Molke. Im Zusammenspiel mit Natrium könnte man es das „Wassermineral" schlechthin nennen. Natrium reguliert dabei vor allem die Wassermenge außerhalb und Kalium vor allem die innerhalb der Zellen. Das wesentlichste Unterscheidungsmerkmal, auf das wir Sie aufmerksam machen wollen, ist aber ein anderes: Auf die ausreichende Zufuhr von Natrium muss nur selten geachtet werden, denn es kommt vor allem im Kochsalz vor und daran mangelt es uns in der Regel nicht. Kaliummangel hingegen gibt es häufiger. Hier kann Molke sehr wirkungsvoll aushelfen. Schon ein halber Liter deckt ein Drittel des täglichen Kaliumbedarfs ab. Und was das Natrium angeht, beteiligt sich die Molke nicht an der allgemeinen Übersättigung. Sie ist natriumarm und zählt deshalb zu jenen Getränken, die sich für die Deckung des täglichen Flüssigkeitsbedarfs eignen.

Kalzium

Kein anderer Mineralstoff ist in so großer Menge, nämlich über ein Kilogramm, in unserem Körper gespeichert, der größte Teil davon in den Knochen und Zähnen. Kalzium erfüllt allerdings noch andere wichtige Funktionen. Es leitet Impulse in Nerven- und Muskelzellen weiter, es sorgt mit dafür, dass das Blut gerinnt und es nimmt Einfluss darauf, ob bestimmte Stoffe die äußere Hülle unserer Zellen passieren können oder nicht. Kalzium drosselt z.B. den Ausstoß von Histaminen, die für viele Allergiesymptome wie Rötungen, Pusteln oder Juckreiz verantwortlich sind.

Was man sicher weiß, ist, dass der tägliche Bedarf an Kalzium hoch ist. Wie hoch genau, ist allerdings nicht leicht zu sagen. Das liegt daran, dass bei einem Mangel im Blut jederzeit Kalzium aus den Knochen abgezogen, die Aufnahme im Darm erhöht bzw. weniger Kalzium ausgeschieden werden kann. Deswegen bleibt Kalziummangel oft lange unbemerkt. Und das kann Folgen haben: Erkrankungen wie Rachitis bei Kindern, Osteoporose bei Erwachsenen oder gewisse chronische Veränderungen an Haut, Haaren, Nägeln und Zähnen werden unter anderem auf die lang andauernde Unterversorgung mit Kalzium zurückgeführt. Nicht in allen Fällen kann man diese Mangelerscheinungen mit nachträglichen hohen Kalziumgaben beheben. Es wird deshalb immer wieder empfohlen, von früher Jugend an auf eine ausreichende Versorgung mit diesem wichtigen Mineralstoff zu achten.

Trinkmolke bietet sich als ein hochwertiger Lieferant an. Schon ein halber Liter deckt etwa ein Drittel des täglichen Bedarfs an Kalzium ab.

Mineralstoffe und Spurenelemente müssen mit der Nahrung aufgenommen werden.

Magnesium

Ähnlich wie Kalzium ist Magnesium am Aufbau von Knochen, Zähnen und Sehnen beteiligt sowie an der Reizübertragung von den Nerven auf die Muskulatur. Magnesium hemmt darüber hinaus die Blutgerinnung, weshalb es einen natürlichen Schutz gegen Thrombosen und Infarkte darstellt. In Stresssituationen geben unsere Zellen Magnesium ab, weil es auf die Ausschüttung von Adrenalin Einfluss nimmt. Außerdem ist Magnesium an der körpereigenen Abwehr von Krankheiten beteiligt.

Kaliumbedarf

Um unumgängliche Verluste auszugleichen, braucht man etwa 1 g Kalium täglich. Der geschätzte Mindestbedarf bei Säuglingen beträgt 0,4 g bis 0,65 g pro Tag, bei Kindern 1 g bis 1,9 g pro Tag und bei Jugendlichen und Erwachsenen ca. 2 g pro Tag. Körperliche Anstrengung und starkes Schwitzen kann zu einem Kaliumverlust von bis zu 4 g pro Tag führen, starke Durchfälle kosten bis zu 17 g pro Tag.

Kalziumbedarf

Wieviel Kalzium der Mensch genau braucht, unterliegt großen individuellen Schwankungen. 400 bis 500 mg pro Tag sollten allerdings nicht unterschritten werden. Bei Kindern und Jugendlichen im Wachstum und bei Schwangeren bzw. Stillenden liegt der minimale Bedarf bei etwa dem Doppelten.

Magnesiumbedarf

Obwohl der genaue Bedarf bisher nicht bekannt ist, wird eine tägliche Aufnahme von 400 mg pro Tag für Männer und 310 mg pro Tag für Frauen und Jugendliche von 13 bis 15 Jahren empfohlen. Kinder bis zum 13. Lebensjahr sollten ansteigend 80 bis 310 mg pro Tag zu sich nehmen.

Vitamine in der Molke

Was für Kohlehydrate, Fette, Eiweiße und Mineralstoffe gilt, gilt auch für Vitamine. Ohne diese Stoffe können wir nicht überleben. Viele der wichtigsten Vitamine sind essentiell, das heißt sie müssen in der Nahrung enthalten sein, da der Körper sie nicht selbst bilden kann. Es gibt Vitamine zwar auch in synthetischer Form, im Allgemeinen ist man aber ausreichend und auch am besten damit versorgt, wenn man sich ausgewogen ernährt. Auch aus diesem Grund ist also der Verzehr von Molkeprodukten sinnvoll, denn sie sind ein hochwertiger natürlicher Lieferant für viele lebenswichtige Vitamine.

Synthetische oder natürliche Vitamine

Vitaminpräparate boomen und sind heute in nahezu jedem Haushalt zu finden. Ein Unterschied in der Wirkung von synthetisierten und natürlichen Vitaminen besteht prinzipiell nicht. Es muss aber darauf hingewiesen werden, dass Vitamine in der Natur immer nur im Verbund mit anderen Stoffen vorkommen und nie isoliert. Ein Rückschluss auf einen möglichen Verlust an Komplexität auch in der Wirkung synthetischer Vitamine ist daher durchaus erlaubt.

Fettlösliche und wasserlösliche Vitamine

Der grundsätzliche Unterschied ist folgender: Fettlösliche Vitamine werden im Körper gespeichert, wasserlösliche werden bei überhöhter Zufuhr sofort wieder ausgeschieden. Folge: Es kommt leicht zu einem Mangel an wasserlöslichen Vitaminen, weshalb sie am besten täglich mit der Nahrung zugeführt werden sollten. Fettlösliche Vitamine hingegen kann man unter Umständen sogar überdosieren.

Vitamin B2

Molke enthält neben den anderen Vitaminen der B-Gruppe vor allem das wichtige Vitamin B2. Es gibt der Molke auch seine grüngelbliche Färbung. Die Bedeutung des Vitamins B2 wird allein schon durch die Vielzahl an Namen unterstrichen, die man ihm geben kann. Heute nennt man es in der Regel Riboflavin, da einer seiner Bausteine die Zuckerart Ribose ist. Früher nannte man es „Lactoflavin", weil es hauptsächlich in der Milch und in Milchprodukten vorkommt. Manchmal ist in diesem Zusammenhang auch die Bezeichnung „Milchvitamin" zu lesen. Der Grund, warum es Experten gibt, die den Begriff „Schlankheitsvitamin" verwenden, liegt auf der Hand. Vitamin B2 spielt nämlich eine zentrale Rolle im Energiestoffwechsel unseres Körpers. Es steuert die Energie liefernden Prozesse beim Zuckerabbau und kommt in allen lebenden Zellen vor, weil es dort am Auf- und Abbau von Fetten und Eiweißen beteiligt ist. „Vitamin für die Haut" oder auch „Schönheitsvitamin" nennt man es, weil es nachweislich Heilungsprozesse der Haut unterstützt.

Weitere Vitamine der B-Gruppe in der Molke

Das Vitamin B1 wird mitunter auch als „reine Nervennahrung" bezeichnet, weil es eine wesentliche Rolle bei der Regeneration des Nervensystems spielt. Wichtigste Ursache eines Vitamin B1-Mangels ist in unseren Breiten sicher eine einseitige Ernährung, die hauptsächlich auf weißem Mehl, Zucker und geschältem Reis basiert.

Das Vitamin B6 ist besonders wichtig für das Wachstum in der Kindheit, weil es die Spezialisierung und Teilung von Zellen steuert. Das wirkt sich bereits auf das Kind im Mutterleib aus, weshalb das Vitamin B6 gern auch „Schwangerschaftsvitamin" genannt wird.

Das Vitamin B12 wird ausschließlich von Mikroorganismen produziert. Pflanzen enthalten deshalb praktisch kein Vitamin B12. Es ist an vielen wichtigen Stoffwechselprozessen beteiligt. Wichtig ist vor allem die Aktivierung des Vitamins Folsäure zur Blutbildung. Ein Vitamin B12-Mangel ähnelt deswegen meist einem Folsäuremangel.

Orotsäure

Last but not least wollen wir uns mit jenem Wirkstoff beschäftigen, dessen Name direkt von der Molke hergeleitet ist, denn
„oros" ist nichts anderes als das griechische Wort für Molke.
Gelegentlich wird die Orotsäure auch Vitamin B13 genannt,
wahrscheinlich weil sie in ihrer Funktion und Wirkung entfernt
zu den Vitaminen der B-Gruppe passt. Wie das Vitamin B6 fördert sie das Wachstum, trägt aber auch dazu bei, dass Herz und
Gefäße gesund bleiben und die Leberzellen vor Vergiftungen
geschützt werden. Trotz dieser Ähnlichkeiten in der Wirkungsweise zählt sie allerdings nicht zu den Vitaminen, weil der
Körper Orotsäure selbst bilden kann. Das heißt jedoch nicht,
dass eine Zufuhr über die Nahrung nicht zweckmäßig ist.
Orotsäure leistet nämlich einen wichtigen Beitrag zum Transport von Mineralstoffen und begünstigt vor allem die Aufnahme und den Verbleib von Magnesium in unseren Körperzellen.
Orotsäure hat also neben den eigenen Wirkungen auch noch
eine Verstärkerfunktion für die Wirkungen von Magnesium.

inhaltsstoffe der molke

Menge je 100 ml/100 g

Inhaltsstoff	Süßmolke	Molkepulver	Nutzen
Wasser	93,60 g	7,1 g	Ausreichende Flüssigkeitszufuhr ist ein wichtiger Gesundheitsfaktor. Besonders die Nieren sollten immer gut durchspült sein, um ihre Funktion wahrnehmen zu können.
Fett	0,24 g	1,2 g	Es ist in der Molke nur zu einem sehr geringen Teil enthalten, trägt aber zur Lösung und damit zur Verwertbarkeit gewisser Vitamine (z.B. Vitamin A) bei.
Milchzucker	4,70 g	68,2 g	Als zweiwertiger Zucker hat er keine negative Auswirkung auf den Blutzuckerspiegel. Bestimmte nützliche Darmbakterien verarbeiten den Milchzucker zu Milchsäure. Es entsteht ein gesundes saures Darmmilieu.
Molkeneiweiß	0,82 g	12,0 g	Es ist das hochwertigste natürlich vorkommende Eiweiß. Es enthält alle wichtigen essentiellen Aminosäuren und kann vom Körper sehr gut verwertet werden.
Kalzium	67,90 g	890,0 g	Es ist wichtig für den Aufbau von Knochen und Zähnen. Es leitet Impulse von den Nerven- an die Muskelzellen weiter. Es hilft bei allergischen Störungen.

Inhaltsstoff	Süßmolke	Molkepulver	Nutzen
Kalium	129 g	1 860 mg	Als Gegenspieler von Natrium reguliert es den Wasserhaushalt, das Säure-Basen-Gleichgewicht und die Reizleitung der Nerven. Eine reichliche Zufuhr wirkt blutdrucksenkend.
Natrium	45 mg	1 290 mg	Es reguliert den Wasserhaushalt des Körpers und dabei vor allem die Wassermenge außerhalb der Zellen.
Magnesium	68 mg	180 mg	Ist am Aufbau von Knochen, Zähnen und Sehnen beteiligt und an der Reizübertragung von den Nerven auf die Muskulatur. Magnesium gilt als natürlicher Schutz gegen Thrombosen und Infarkte, da es die Blutgerinnung hemmt.
Spurenelemente	0,58 g	8,2 g	Davon sind in der Molke Eisen, Zink, Kupfer, Mangan, Fluor und Jod enthalten.
Vitamin A	3 µg	18 µg	Es fördert die Sehkraft, schützt Haut und Schleimhäute, ist wichtig für Fortpflanzung, Wachstum und Entwicklung und hemmt freie Radikale (Antioxidans).

Inhaltsstoff	Süßmolke	Molkepulver	Nutzen
Vitamin B1	35 µg	490 µg	Wichtig für die Steuerung des Energie- und Kohlehydratstoffwechsels und zur Erhaltung der Funktionstüchtigkeit von Herz-Kreislauf- und Nervensystem.
Vitamin B2	0,15 mg	2,5 mg	Es ist an zahlreichen Reaktionen des Kohlehydrat-, Fett- und Proteinstoffwechsels beteiligt und über die Atmungskette auch an der Energiegewinnung. Wichtig für gesunde Haut, Fingernägel und Haare.
Vitamin B6	40 µg	700 µg	Spielt eine zentrale Rolle beim Stoffwechsel von Aminosäuren. Wichtig bei der Bildung von Botenstoffen im Gehirn. Wesentlich für die Bildung von Hämoglobin. Beteiligt an der Produktion von Antikörpern und weißen Blutkörperchen.
Vitamin B12	0,2 µg	2 µg	Wichtig für Blutbildung, Zellteilung und Regeneration der Schleimhäute. Notwendig für gesunde Nervenzellen. Aktiviert die Wirkung von Folsäure. Senkt zusammen mit B6 und Folsäure das Risiko von Arteriosklerose und Herz-Kreislauf-Krankheiten.

Inhaltsstoff	Süßmolke	Molkepulver	Nutzen
Vitamin C	1 mg	5 mg	Hilft beim Aufbau von Bindegewebe und Knochen, stärkt das Immunsystem, verbessert die Aufnahme von Eisen und schützt die Zellen vor schädlichen Radikalen.
Folsäure	1 µg	12 µg	Spielt eine wichtige Rolle beim Stoffwechsel von Eiweiß und bei der Produktion von Nukleinsäuren, den Trägern der Erbinformation. Es ist an der Zellteilung und an der Zellneubildung beteiligt. Zusammen mit B12 verhindert es Blutarmut.
Orotsäure	7 mg	70 mg	Sie verbessert die Aufnahme von Magnesium und begünstigt damit den Aufbau von Knochen und Zähnen, ist wichtig bei der Erregungsleitung von Nerven und Muskeln und aktiviert zahlreiche Enzyme, die beim Eiweißstoffwechsel beteiligt sind.

Fit und gesund mit Molke

Wir haben gesehen, dass man die meisten Vorgänge im menschlichen Körper als ein Zusammenwirken von chemischen Reaktionen beschreiben kann. Ständig werden Stoffe aufgenommen, abgebaut, umgewandelt oder ausgeschieden, um dem natürlichen Prozess des Zerfalls und dem Abbau von körpereigenen Strukturen entgegenzuwirken. Nicht mehr und nicht weniger als die Gesamtheit dieser Vorgänge nennt man den Stoffwechsel. Die Molke mit ihren Bestandteilen ist in der Lage, diesen Stoffwechsel positiv zu beeinflussen.

Molke: die sanfte Unterstützung für das Immunsystem.

Wie bereits erwähnt, ist Molke kein Medikament im eigentlichen Sinn, aber sie enthält zahlreiche wertvolle Substanzen, die für eine gesunde Ernährung unerlässlich sind. Man könnte sagen, Molke ist ein Nahrungsmittel mit vielen erwünschten und nützlichen Nebenwirkungen. Was für alle Heilmittel aus der Natur gilt, trifft also auch auf die Molke zu. Ihre Wirkung basiert vor allem auf dem Umstand, dass sie auf sanfte Art die natürlichen Abwehrkräfte des Körpers unterstützt. Wir werden in den folgenden Kapiteln deshalb weniger über Krankheiten reden, die mit Molke geheilt werden können, als vielmehr über jenen Gleichgewichtszustand innerer Vorgänge, der mit Molke aufrechterhalten werden kann. Kurz: Wir werden versuchen, die Frage zu klären, wie Molke uns helfen kann, gesund zu bleiben.

Molke und das Idealgewicht

Molke, der Energielieferant bei Diäten.

Dieses Thema stellen wir aus zwei Gründen an den Anfang dieses Kapitels. Erstens, weil sich der Zusammenhang zwischen Gesundheit und Körpergewicht inzwischen zu einer wissenschaftlichen Tatsache verdichtet hat und viele ärztliche Behandlungen heute mit dem Rat beginnen, Diäten einzuhalten bzw. die Ernährung umzustellen, und zweitens weil gerade die Molke immer wieder im Zusammenhang mit Diätkuren genannt wird. Viele Autoren preisen Molke sogar ohne zu zögern als den idealen Schlank-, Schön- und Fitmacher an. Das tun wir nicht, ohne darauf hinzuweisen, dass auch bei Molketrinkkuren auf ihre Zweckmäßigkeit und ihre Verträglichkeit geachtet werden muss.

Allgemein kann aber folgendes gesagt werden: Bei Molketrinkkuren kommt es im Gegensatz zu vielen anderen Schlankheitskuren neben der allgemeinen Reduktion von Nahrung nicht
auch noch zu einer Reduktion der Vitamin-, Mineralstoff- und
Proteinzufuhr, ein Umstand, der meistens wenig beachtet wird.

Übergewicht als Risikofaktor

Spätestens seit Übergewicht allgemein als eine der Ursachen für
die Entstehung bestimmter Krankheiten, vor allem von Gicht,
Diabetes, Bluthochdruck und damit auch Arteriosklerose angesehen wird, ist die Diskussion darüber zu einem Alltagsthema
geworden. Doch was genau bedeutet Übergewicht für welche
Menschen? Über diese Frage streiten sich die Experten schon
seit über hundert Jahren.

Zur Beurteilung des Körpergewichts gehört auch das Körpergefühl.

Egal welche Berechnungsformel man anwendet, um Idealgewicht bzw. Übergewicht zu bestimmen, wichtiges Kriterium
ist und bleibt die subjektive Empfindung des Einzelnen. Und
hier ist die Bandbreite, sowohl in medizinischer als auch in
ästhetischer Hinsicht, größer als die Statistiker es oft wahrhaben
wollen. Schon lange hat sich nämlich herumgesprochen, dass
es Erscheinungsformen des Körpers gibt, die als schön und
auch als gesund empfunden werden können, ohne genau den
Abbildern der Mode-, Glamour- und Fitnesswelt zu entspre-
chen. Doch Achtung! Dies ist lediglich ein Hinweis darauf,
welch wichtige Rolle das eigene Körpergefühl bei der Beurteilung des Gewichts spielt, und nicht ein Aufruf zur allgemeinen
Enthemmung. Denn eines ist sicher: Dieses positive Gefühl
stellt sich besonders dann schnell ein, wenn man sich gesund
und in Maßen ernährt. Und zwar am besten dreimal täglich
mit einer ausgewogenen Mischung aus Eiweiß, Kohlehydraten
und Fett, gut versorgt mit Vitaminen, Mineralstoffen, Spurenelementen und Ballaststoffen.

Formeln für die Berechnung des idealen Körpergewichts

Brocaformel: Früher galt die so genannte Brocaformel für das Normalgewicht, benannt nach dem französischen Arzt Paul Broca, als Maß aller Dinge: Körpergewicht in Zentimeter minus 100. Übergewichtig ist man nach dieser Berechnung, wenn man diese Zahl um 10 % und mehr übersteigt. Die Brocaformel hat allerdings Schwächen. Die so ermittelten Werte stimmen nur für Menschen mit einer Körpergröße zwischen etwa 1,60 Meter bis 1,90 Meter und berücksichtigen weder Geschlecht, noch Altersstufen.

Versicherungsformel: Diese Formel für das Idealgewicht wurde aus Statistiken von Lebensversicherungs-Gesellschaften abgeleitet, die glaubten, danach die optimale Lebenserwartung abschätzen zu können. Vom Normalgewicht, berechnet nach der Brocaformel, wurde bei Männern 10 % und bei Frauen 15 % abgezogen.

Body-Mass-Index (BMI-Index): Heute wird allgemein der so genannte Body-Mass-Index als Berechnungsgrundlage für jene Bandbreite herangezogen, innerhalb derer man das Körpergewicht als normal bezeichnen kann. Die Formel lautet: Körpergewicht (in kg) geteilt durch Körpergröße (in m) zum Quadrat. Ein BMI-Index kleiner als 19 bedeutet dabei Untergewicht, zwischen 19 und 25 liegt das Normalgewicht, zwischen 26 und 30 mäßiges Übergewicht und über 30 starkes Übergewicht.

Hinweis

Für Kinder sind die oben stehenden Formeln nicht anwendbar. Zudem gilt: Ältere Menschen können ruhig schwerer sein als jüngere. Und Sportler ebenfalls, da ihr Gewebe meist einen wesentlich geringeren Anteil leichten Fetts enthält.

Tausend und eine Diät

Es gibt inzwischen tausende verschiedene Diäten mit ebenso vielen vielversprechenden Namen. Ihr oberstes Ziel ist in der Regel die möglichst rasche Reduktion des Körpergewichts. Wir wollen die Methoden hier weder generell ins Reich der Märchen verbannen, noch können wir im Detail darauf eingehen. Ein paar grundsätzliche Bemerkungen zu diesem Themenkomplex sind unserer Ansicht nach dennoch nötig.

Diät als Therapie

Heute, in einer Zeit, in der Fitness, Schönheit oder allgemeines Wohlbefinden die Hauptgründe sind, warum man Diäten beginnt, sollten sowohl althergebrachte Methoden, als auch neue „Gewichtskillerkuren", bevor man sich darauf einlässt, auf ihren Sinn, auf ihre Richtigkeit und vor allem auf ihre gesundheitliche Verträglichkeit überprüft werden. Grundsätzlich gilt Folgendes: Viele Diäten bzw. alternative Ernährungsformen wurden von ihren Begründern ursprünglich zur Linderung oder Vermeidung von Krankheiten konzipiert. Die Gewichtsreduktion stand dabei meist nicht im Vordergrund, sondern war lediglich eine mehr oder weniger angenehme Begleiterscheinung.

Ursprünglich hieß es Fasten

Fasten soll zu einer Umstellung der Ernährungsgewohnheiten führen.

Das Fasten basiert auf alten, meist religiösen Traditionen. Nahezu alle Weltreligionen kennen bestimmte Fastenzeiten und damit verbundene Fastenvorschriften. Man könnte es in folgende frühe Formel fassen: Das Fasten soll die Seele reinigen, damit sie wieder frei wird für den Kontakt mit Gott.

Diese Begründung bringt allerdings in der modernen westlichen Welt nur mehr wenige dazu, sich beim Essen und Trinken zu mäßigen. Heute nennt man Fastenkuren Diäten und die Ziele sind im besten Fall: Entschlackung des Körpers, dadurch mehr geistige Klarheit und so etwas wie „Schönheit von innen". Doch egal, ob man den gesundheitlichen, den kosmetischen oder den spirituellen Aspekt betont – Fasten ist, im Gegensatz zum Hungern, eine dem eigenen Körper freiwillig verordnete Maßnahme, die in erster Linie eine Umstellung von Ernährungs- und damit auch Lebensgewohnheiten bewirken soll.

Das falsche Versprechen

Es klingt ernüchternd, aber meist tritt bei Schlankheitskuren genau das Gegenteil der versprochenen Gewichtsreduktion ein. Besonders Kuren, die auf einer drastischen Kürzung der aufgenommenen Nahrungsenergie basieren, haben sich als falscher Weg erwiesen, Gewicht zu verlieren. Der Körper reagiert darauf, als wäre eine „Hungersnot" ausgebrochen und beginnt, Energie einzusparen, indem er ihren Grundumsatz absenkt. Beendet man die Kur, steigt die Zufuhr an Essen zwar wieder auf ein normales Maß an, der Energiebedarf jedoch bleibt weiterhin niedrig. Es kommt zum so genannten Jo-Jo-Effekt, und man nimmt in der Regel mehr zu als man vorher abgenommen hat.

Was ist bei einer Diät zu beachten?

Abgesehen von diesem unangenehmen Nebeneffekt führen extreme Diäten oft zu einem durch Eiweißmangel hervor-gerufenen Schwund an Muskel-, ja sogar an Knochenmasse, und darüber hinaus zu Nährstoffmängeln, die sich langfristig zu ernsten gesundheitlichen Schäden ausweiten können. Unter-suchungen zeigen, dass bei den Radikaldiäten sogar das Risiko für Herzinfarkte ansteigt, da durch die starken Gewichts-schwankungen der Anteil des „guten" gefäßschützenden HDL-Cholesterins (siehe auch Seite 73f.) drastisch sinkt.

Für empfehlenswerte Schlankheitskuren oder Gewichts-reduktionsprogramme genügen folgende Kriterien (zitiert aus www.forumernaehrung.at):
• Sie sind nicht einseitig und basieren auf einer ausgewogenen Mischkost, das heißt: reichlich Kohlehydrate (min. 50 %), etwas Eiweiß (10–15 %) und wenig Fett (20–30 %)
• Grundsätzlich sollten sie als Dauerernährung geeignet sein
• Es sollte keine „schlechten" Lebensmittel oder strikte Verbote geben
• Die Gewichtsabnahme erfolgt langsam – ca. ein halbes Kilo pro Woche
• Ihre Durchführung ist einfach, die benötigten Zutaten sind leicht erhältlich, nicht zu teuer und die Zubereitung der Speisen ist nicht zu (zeit)aufwändig. Sie lassen sich mit dem Arbeitsalltag (z. B. Mitnehmen von Speisen) oder dem Mit-kochen für eine Familie vereinbaren

- Die Speisen-Zusammenstellung ist abwechslungsreich, reich an Ballaststoffen, enthält etwa 5 Portionen Obst und Gemüse (z.B. 2 Stück Obst, 1 Portion Salat, 1 große Portion Gemüse) und unter 300 mg Cholesterin täglich
- Es kommt zu keiner Nährstoffüber- oder -unterversorgung und Nahrungsergänzungsmittel sind überflüssig
- Der Alkoholkonsum ist eingeschränkt oder sogar eingestellt
- Es werden drei bis fünf Mahlzeiten täglich gegessen
- Die Mahlzeiten sättigen ausreichend – eine Energiezufuhr von 1200 kcal/Tag wird nicht unterschritten, durchschnittlich liegt der Energiegehalt um die 1500 kcal/Tag
- Die Diät beinhaltet das Erlernen eines anderen Essverhaltens
- Bewegung ist ein Teil des Programms
- Nach dem Ende der Diät kann das Gewicht länger als sechs Monate gehalten werden.

Formen des strengen Heilfastens

Dennoch kann es Gründe geben, die strenges Fasten notwendig machen. Dazu gehören vor allem pathologische Formen des Übergewichts oder schwere ernährungsbedingte Stoffwechselstörungen.

Früher galt totales Fasten, die sogenannte Nulldiät, als eine der wirksamsten Methoden zur Gewichtsabnahme. Diese Auffassung ist überholt. (Vor der Nulldiät zum „Hausgebrauch" muss sogar gewarnt werden.) Wird sie heute angewendet, dann nur unter genauer ärztlicher Kontrolle, am besten stationär. Zwar wird die Aufnahme fester Nahrung praktisch gestoppt, gleichzeitig werden jedoch Mineralstoff- und Vitaminpräparate verabreicht, um das anfallende Defizit essentieller Nährstoffe auszugleichen. Selbstverständlich wird dabei, wie bei allen medizinisch verordneten Diäten, auch auf eine ausreichende Zufuhr von Flüssigkeit, nämlich mindestens zwei bis drei Liter energiefreier Getränke pro Tag, geachtet.

Das modifizierte Fasten wurde in den USA entwickelt und wird heute noch an einigen Kliniken in Deutschland bei massivem

Übergewicht, allerdings nur im Rahmen eines umfassenden Therapiekonzepts, angewendet. Die negative Stickstoffbilanz, als Folge der totalen Nahrungsreduktion, wird mit einer täglichen Gabe von 33–50 Gramm biologisch hochwertigem Eiweiß, 25–45 Gramm Kohlehydrat und 1–7 Gramm Fett, überwiegend essentielle Fettsäuren, die über ein Formulaprodukt aufgenommen werden, ergänzt. Dazu kommt wieder eine Flüssigkeitsmenge von zwei bis drei Liter pro Tag und die empfohlene Tagesmenge an Vitaminen und Mineralstoffen. Eine weitere strenge Diätkur ist das sogenannte Heilfasten nach Buchinger. Auch diese 1935 von Dr. Otto Buchinger entwickelte Methode wurde nicht primär zur Gewichtsreduktion, sondern zur Behandlung von Stoffwechselkrankheiten und chronischen Erkrankungen, die durch die Ernährung mit verursacht sind, entwickelt. Heilfasten nach Buchinger umfasst neben dem therapeutischen Fasten auch die präventive, vorbeugende Seite des Fastens, d.h. auch Gesunden wird Heilfasten z.B. als Möglichkeit zur Selbsterfahrung empfohlen.

Die strenge Molke-Trinkkur

Diese Form der Fastenkur erlebt heute eine Renaissance. Doch auch sie darf lediglich als Einstieg in eine dauerhafte Ernährungsumstellung, oder als Mittel zur „Entschlackung" und zur Stärkung der körpereigenen Abwehrkräfte verstanden werden. Als gezieltes Programm zur Gewichtsreduktion könnte man sie auch als eine modifizierte Form der Nulldiät bezeichnen, wobei auf den wesentlichen Unterschied hingewiesen werden muss: Durch den natürlichen Gehalt an hochwertigen Proteinen in der Molke kommt es nicht zum Abbau von körpereigenem Eiweiß.

Eine strenge Fastenkur nur mit Molke sieht etwa folgendermaßen aus: Es werden ein Liter Kur-Molke (angereichert mit hochwertigem Eiweiß und Kohlehydraten), in kleinen Portionen über den Tag verteilt, getrunken. Ergänzt wird die Flüssigkeitszufuhr durch ungezuckerte Kräuter- und Früchtetees auf bis zu drei Liter pro Tag. Wichtig: Wie bei allen extremen Reduktionsprogrammen ist auch bei der reinen Molke-Trinkkur zu empfehlen, sie nur nach der Beratung durch einen Arzt durchzuführen.

Diätkuren mit Molke

Molke als hochwertige Ergänzung zu einer ausgewogenen Diäternährung.

Die meisten Diäten, bei denen Molke eine Rolle spielt, sind leichter einzuhalten als die oben genannte. Molke wird dabei in der Regel als Ergänzung zu einer reduzierten, aber ausgewogenen Diäternährung vorgeschlagen. Die Vorteile liegen auf der Hand, hier noch einmal die Wesentlichen: Wie schon im Kapitel „Molkeneiweiß" (siehe Seite 46ff.) beschrieben, enthält Molke für den Menschen das biologisch hochwertigste Eiweiß.

Bei einer Diät mit gleichzeitigem Verzehr von Molke muss der Körper nicht durch akuten Eiweißmangel auf den kontraproduktiven Abbau von Muskelgewebe ausweichen.

Die Inhaltstoffe der Molke sorgen für eine schnelle und vollständige Resorption von Mineralstoffen, Vitaminen und anderen Spurenelementen im Körper. Es kommt also zu keinerlei Mangelerscheinungen.

Der in der Molke enthaltene Milchzucker lässt den Blutzuckerspiegel nicht plötzlich ansteigen und wieder abfallen. Der langsamere Abbau des „Zweifachzuckers" der Molke sorgt für einen konstanten Blutzuckerspiegel und spendet ausdauernd Energie. Aus diesem Grund, und weil Molke an sich sättigend wirkt, kommt es nicht zum gefürchteten „Heißhunger" auf Süßes.

Und auch die bei vielen Diäten unangenehme Begleiterscheinung der Darmträgheit durch die geringe Nahrungszufuhr bleibt aus, wenn Molke den Diätplan mitbestimmt, denn der Milchzucker fördert die Verdauung durch die vermehrte Bildung von Milchsäurebakterien. Es entsteht eine gesunde Darmflora und die Verdauung normalisiert sich quasi von selbst.

Lindern von Beschwerden

Molke reguliert den Säure-Base-Haushalt des Körpers.

Ausscheidungsprozesse

Molke begünstigt nicht nur die Ausscheidungen des Darms, sondern auch jene von Haut, Leber, Galle, Lymphdrüsensystem und Niere. Die harntreibende und verdauungsregelnde Wirkung entlastet die Leber, weil weniger giftige Stoffwechselprodukte entstehen. Molke steigert auch das Ausscheidungsvermögen der Niere und ist beim Ausschwemmen von schädlichen Substanzen wirksamer als Wasser.

Verdauungsstörungen

Besonders, was diesen wichtigen Bereich unseres Lebens angeht, leidet fast jeder Mensch hin und wieder unter kleineren Beschwerden. Aufstoßen, Bauchschmerzen, Blähungen, Sodbrennen, manchmal auch Durchfall, Übelkeit und Erbrechen sind immer lästig und unangenehm, meist aber schnell vorübergehend und nicht wirklich Besorgnis erregend. Die Hauptursachen für diese Unpässlichkeiten sind bekannt und wurden auch hier schon erwähnt: falsche Ernährung, Bewegungsmangel, Stress. Durch Vermeidung dieser Risikofaktoren und entsprechende Änderungen der Lebensgewohnheiten verschwinden in den meisten Fällen die Wehwehchen rasch. Diese Tatsache sollte aber nicht dazu führen, dass man gewisse Erscheinungen verharmlost. Bleiben die Symptome trotz gezielter Verhaltensänderungen bestehen, sollte man auf jeden Fall nicht zögern, einen Arzt aufzusuchen. Einige ernsthafte Erkrankungen des Magen-Darm-Trakts verursachen im frühen Stadium nur leichte Beschwerden, und reagiert man rechtzeitig, können ernsthafte Krisen vermieden werden.

Molke fördert die Ausscheidung

Ihren guten Ruf als wundersames Heilmittel hat die Molke seit Jahrtausenden vor allem durch ihre Eigenschaft, jeden Ausscheidungsprozess im Körper sanft zu unterstützen.

Diese positiven Effekte beginnt die Molke bereits im Magen zu entfalten. Molke gehört trotz ihres Milchsäuregehalts zu den basischen, also zu den säurepuffernden, Lebensmitteln. Dadurch wirkt sie gegen vermehrte Magensäurebildung und damit auch gegen Sodbrennen und sogar Magenschleimhautentzündung. Was die Darmtätigkeit angeht, sind wir weiter oben schon ausführlich darauf eingegangen. (Siehe Seite 42f.) Hier noch einmal eine kurze Zusammenfassung:

• Durch die Kombination von reichlich Milchzucker und rechtsdrehender Milchsäure wird die Bildung von Milchsäurebakterien im Darm und somit die Darmtätigkeit angeregt.

Blähungen zu Beginn einer Molkekur kommen relativ häufig vor. Sie sind Zeichen dafür, dass sich der Darm auf die veränderte Ernährung einstellt und verschwinden in der Regel nach kurzer Zeit. Liegt allerdings eine Lactose(Milchzucker)-Unverträglichkeit oder eine allergische Reaktion auf einen anderen Inhaltsstoff der Molke vor, dann muss auf ihren Einsatz verzichtet werden.

- Das optimale Verhältnis der Mineralstoffe Kalium und Kalzium begünstigt eine leicht laxierende (abführende) Wirkung.

Dies führt schon beim Genuss von ein, zwei Gläsern Molke täglich zu einer Linderung von Beschwerden wie Darmträgheit, Verstopfung, Reizdarm oder chronischen Blähungen.

Blähungen

Ein unangenehmes und deswegen hier ein eigenes kleines Kapitel. Ein wenig Luft im Darm zu haben, die man hin und wieder ablässt, ist völlig normal. Auch der Geruch, der dabei entsteht, ist in den meisten Fällen nicht ungewöhnlich. Er wird durch Darmbakterien verursacht, die schwefelhaltige Gase produzieren.

Die häufigsten Ursachen für Blähungen sind hastiges Essen, das zu übermäßigem Schlucken von Luft führt, und eine blähungsfördernde Ernährung. Blähungen, die ohne weitere begleitende Beschwerden auftreten, haben keinen Krankheitswert und verschwinden häufig von allein. Kommen Bauchschmerzen, Übelkeit, Erbrechen oder verändertes Stuhlverhalten hinzu, sollten die Ursachen abgeklärt werden.

Übersäuerung

Falsche Ernährung ist die Hauptursache für Übersäuerung.

Bei kaum einer Erscheinung tippt man so schnell und meist auch zu Recht auf falsche Ernährung wie bei Übersäuerung. Und damit ist es heute nicht anders als zu Zeiten eines Galen im zweiten vorchristlichen Jahrhundert, als er in seinem Nobelkurort „Monte de la Torre" zwischen Rom und Neapel die wohlstandsgeschädigten Patrizier auf die Folgen ihres ungesunden Lebens behandelte.

Der Begriff Übersäuerung kann sich auf verschiedene Säuren beziehen, die sich im Blut oder im Gewebe in schädlichem Umfang ansammeln. Am häufigsten genannt ist der Überschuss an Harnsäure im Blut. Harnsäure entsteht im Zuge des Eiweiß-

Wie entsteht
Übersäurerung?

- Durch eiweißreiche
  Ernährung
- Durch Getränke wie
  z.B. Kaffee, Schwarztee,
  gesüßte Limonaden,
  Cola u.Ä.
- Durch Bildung von körper-
  eigenen Säuren bei
  Mangel an bestimmten
  Mineralien und Vitaminen
- Durch ungenügende Aus-
  scheidung über Nieren,
  Haut bzw. Atmung.

stoffwechsels, und bei der heute üblichen, sehr eiweißreichen Ernährung kann es leicht zu einer Überproduktion kommen. Die Folgen können schwerwiegend sein. Z.B. die Bildung von Nieren- und Gallensteinen, oder die Schädigung des Gewebes und die Entzündung und Verletzung von Schleimhäuten durch aggressive Säuren. Typische Frühzeichen der Übersäuerung sind Muskel- und Gelenkschmerzen, die sich bis zu Arthrose und Arthritis (Gicht) auswachsen können.

Die Gicht nimmt unter den rheumatischen Erkrankungen eine Sonderstellung ein, denn eigentlich handelt es sich um eine Störung des Purinstoffwechsels. Die harnsauren Salze werden dabei nicht mehr in ausreichendem Maß über die Nieren und den Darm ausgeschieden und bilden harte Kristalle, die sich in den Gelenken und anderen Geweben in Form von schmerzhaften Verknotungen ablagern.

Wie schon erwähnt, ist die erste und wichtigste Behandlungsmethode bei Harnsäureüberschuss eine Umstellung der Ernährung. Man empfiehlt fett- und fleischarme Kost, viel Obst, Gemüse und Getreideprodukte, Verzicht auf Alkohol und die Aufnahme von viel Flüssigkeit.

Schon zwei bis drei Gläser Molke pro Tag wirken positiv auf den Harnsäurestoffwechsel.

Als Flüssigkeitslieferant bietet sich Molke an, weil sie viel gesundes Eiweiß und viele Mineralstoffe, aber keine Purinverbindungen enthält. Zudem beschleunigen B-Vitamine und Folsäure den Abbau von Harnsäure im Blut. Auch hier gilt: Schon mit zwei Gläsern Molke pro Tag kann eine dauerhafte Regulierung des ernährungsbedingt gestörten Harnsäurestoffwechsels erreicht werden. Auch der vermehrte Mineralstoffbedarf, der bei Übersäuerung auftritt, kann über die Molke zu einem guten Teil abgedeckt werden.

Bluthochdruck

Besonders im Zusammenhang mit einer Normalisierung des Blutdrucks scheint der Wasserhaushalt eine wichtige Rolle zu spielen. Für einen optimalen Wasserhaushalt ist unter anderem

Von Bluthochdruck (Hypertonie) spricht man bei Blutdruckwerten von 160/95 und darüber. Bei ca. 85 % der Patienten lässt sich keine einheitliche Ursache für die erhöhten Blutdruckwerte feststellen.
Die Hypertonie verläuft meist jahrzehntelang beschwerdefrei. Mit zunehmender Erkrankungsdauer kommt es allerdings zu Organveränderungen vor allem am Herzen und an den Gefäßen.

das richtige Verhältnis von Kalium zu Natrium im Körper verantwortlich. Bei zu viel Natrium (Kochsalz) und gleichzeitig zu wenig Kalium kommt es zu einer Bindung von Wasser in den Zellen, was erwiesenermaßen zu einer Steigerung des Blutdrucks führt. Untersuchungen zeigen, dass es schon bei einer Verminderung des täglichen Kochsalzverbrauchs auf drei Gramm in einer Vielzahl der Fälle zu einer deutlichen Blutdrucksenkung kommt.

Molke kann hier in mehrfacher Hinsicht unterstützend wirken. Einerseits ist sie, wie wir schon erwähnt haben, ein natriumarmes, aber kaliumreiches Getränk, und ihr regelmäßiger Genuss kann daher helfen, das Natrium aus dem Gewebe „auszuschwemmen" und damit den Blutdruck auf einem niedrigem Niveau zu stabilisieren. Andererseits baut man bei einer bewussten Ernährung mit Molkegetränken automatisch Übergewicht ab; und eines ist wissenschaftlich gesichert: Durch eine Gewichtsreduktion kann eine Normalisierung des Blutdrucks erreicht werden.

Diabetes

Diabetes mellitus („Zuckerkrankheit") ist eine der Geißeln der modernen Wohlstandsgesellschaft. Es handelt sich dabei um eine chronische Erkrankung des Kohlehydrat-Stoffwechsels, die durch einen erhöhten Blutzuckerspiegel gekennzeichnet ist. Typische Symptome sind starker Durst, vermehrtes Wasserlassen, Heißhunger, Juckreiz, Abgeschlagenheit und Infektanfälligkeit. Das gilt vor allem für den Typ-1 Diabetes, der meist in der Jugend beginnt. Beim Typ-2 Diabetes, der in der Regel in höherem Alter auftritt, können diese Symptome fehlen, da er sich sehr langsam entwickelt und deshalb in vielen Fällen lange unerkannt bleibt.

Um zu verstehen, welchen Einfluss Molke auf den Kohlehydrat-Stoffwechsel haben kann, muss man Folgendes wissen: Alle mit der Nahrung zugeführten Kohlehydrate werden im Körper in Glucose umgewandelt. Diese Glucose ist der wichtigste Ener-

Stoffwechsel-störungen

Im Wesentlichen lassen sich folgende Gruppen von Stoffwechselstörungen bzw. -erkrankungen unterscheiden:

- Aminosäure- und Eiweiß-Stoffwechselstörungen
- Fett-Stoffwechsel-störungen
- Mineral-Stoffwechsel-störungen
- Kohlehydrat-Stoffwechsel-störungen.

gieträger des menschlichen Organismus. Wird die Glucose nicht sofort verbraucht, speichert sie der Körper in Form von Glykogen ab, das er bei Bedarf verwendet. Sind die Glykogen-speicher voll, wird die restliche Glucose in Fett umgewandelt und wandert in die Fettdepots. Am Kreislauf dieses Kohlehyd-rat-Stoffwechsels ist das Hormon Insulin maßgeblich beteiligt. Insulin wird in den Inselzellen der Bauchspeicheldrüse gebildet und ist das einzige Hormon, das den Blutzuckerspiegel senken kann.

Der Milchzucker der Molke ist im Gegensatz zum Haushalts-zucker ein zweiwertiger Zucker und besteht aus Glucose und Galactose. (Siehe auch Seite 41f.) Die beiden Bestandteile werden separat verdaut, wodurch es nur zu moderaten Ver-änderungen des Blutzuckerspiegels kommt und deshalb die Bauchspeicheldrüse beim Abbau von Milchzucker viel weniger gefordert ist, als bei dem von Haushaltszucker oder Trauben-zucker. Das ist auch der Grund, warum auf dem Diätplan von Diabetikern Molkegetränke als Zuckerlieferanten einen wichtigen Platz einnehmen sollten.

Herz und Kreislauf

Bei Herz-Kreislauf-Erkrankungen wird fettarme Kost empfohlen.

Dies sind jene Elemente unseres Organismus, vor deren Ver-sagen wir in der Regel am meisten Angst haben. Und das zu Recht: In der westlichen Welt sind Herz-Kreislauferkrankungen die häufigste Todesursache, noch weit vor Todesfällen durch Unfälle oder Krebs. Vor allem die Arteriosklerose mit ihren gefürchteten Nachfolgekrankheiten wie Herzinfarkten oder Schlaganfällen ist auch von der modernen Medizin nur schwer in den Griff zu bekommen. Nach heutigen Erkenntnissen sind die wichtigsten Risikofaktoren das Rauchen, die Diabetes, der Bluthochdruck, erhöhte Cholesterin-Werte, Bewegungsmangel und Übergewicht. Auf das meiste sind wir in diesem Buch be-reits eingegangen.

Körperliche Betätigung

Im Allgemeinen sollte Ausdauersportarten gegenüber Schnellkraft- oder Kraftsportarten der Vorzug gegeben werden. Oft reicht es schon, sich regelmäßig und über einen ausreichenden Zeitraum hinweg zu bewegen.

Der genaue Zusammenhang zwischen den einzelnen Risikofaktoren und der Entstehung von Arteriosklerose bzw. das Auftreten von Herz-Kreislauferkrankungen ist bis heute nicht vollständig geklärt, es scheint aber erwiesen zu sein, dass ein komplexes Wechselspiel aller Faktoren den gefährlichen Prozess in Gang setzt. Doch obwohl diese Zusammenhänge schwer durchschaubar und sehr komplex sind, sind die Ratschläge zur Vorbeugung denkbar einfach. Im Vordergrund steht immer der Verzicht auf Nikotin, die Vermeidung von Übergewicht und eine gesunde ausgewogene, vor allem fettarme Ernährung sowie regelmäßige sportliche Betätigung.

Was die Umstellung der Ernährung auf kalorienarme, aber energetisch hochwertige Ernährung angeht, kann, wie wir schon gesehen haben, die Molke wertvolle Dienste leisten. Molke ist wegen des fehlenden Fettes und Kaseins leicht verdaulich und entlastet damit den Stoffwechsel auf natürliche Art. Diese Entlastung ist besonders für Menschen, die schon an Herz- und Gefäßerkrankungen leiden oder die in diesem Bereich entsprechend gefährdet sind, besonders wichtig. Auch die in der Regel notwendige Erhöhung der Trinkmenge zur Regulierung des Wasserhaushalts ist mit Molke leicht zu erzielen.

Cholesterin

Molke erleichtert die Umstellung auf fettarme Kost.

Weil dieser Begriff im Zusammenhang mit Herz-Kreislauferkrankungen immer wieder genannt wird, aber auch, weil wir einige immer wiederkehrende Begriffe klären wollen, widmen wir diesem Stoff einen kurzen Exkurs.

Cholesterin ist ein wichtiger Baustoff bei der Herstellung von Hormonen und als Bestandteil der Gallensäure fördert es die Verdauung. Von den benötigten Mengen wird der größte Teil des Cholesterins in der Leber gebildet, der weitaus kleinere Teil über die Nahrung aufgenommen.

Cholesterin ist eine fettähnliche Substanz, die in tierischen Fetten enthalten ist. Es kann sich weder in Wasser, noch in Blut lösen und braucht deshalb ein Transportmittel. Dieses Transportmittel sind die Lipoproteine. Das Cholesterin heftet sich an die Lipoproteine an und erreicht damit jede Stelle des Körpers. Es gibt verschiedene Arten von Lipoproteinen. Ihre Menge gibt an, wie viel Cholesterin im Blut vorhanden ist.

Das Lipoprotein LDL (low density lipoproteins) besteht aus einem geringen Anteil Eiweiß und viel Fett. Zwei Drittel des gesamten Cholesterins wird mit LDL transportiert. Hohe LDL-Werte bedeuten hohe Cholesterinwerte im Blut und stehen mit einer frühzeitigen und beschleunigten Entwicklung von Arteriosklerose im Zusammenhang.

Das Lipoprotein HDL (high density lipoproteins) besteht aus viel Eiweiß und wenig Fett. Es wird von Darm und Leber gebildet und besorgt den Rücktransport des Cholesterins aus den Organen und Geweben zur Leber. Hohe HDL-Werte spiegeln sich in niedrigen Cholesterinwerten im Blut wieder. Die HDL wirken also den LDL entgegen. Dies bedeutet, dass hohe HDL-Spiegel einen Schutz vor Arteriosklerose darstellen. Man spricht daher häufig vom „guten HDL" und vom „schlechten LDL".

Osteoporose

Wie alles in unserem Körper ist auch unser Knochenbau einer natürlichen Entwicklung unterworfen. Heute weiß man, dass etwa bis zum 40. Lebensjahr die Knochenmasse des Menschen ständig zunimmt. Das hat zum einen mit dem Wachstum zu tun, zum anderen mit der Steigerung der Knochendichte. Ist die maximale Knochenmasse, die von Mensch zu Mensch verschieden ist, erreicht, kehrt sich dieser Prozess leider um.

Ab etwa dem 40. Lebensjahr werden dann, ausgehend von der maximalen Knochenmasse, etwa 0,5 bis 1,5 % jährlich wieder abgebaut. Dieser Abbau ist keine krankhafte Erscheinung, sondern eine natürliche Folge des Alterns. Von Osteoporose spricht man erst dann, wenn Störungen den normalen Knochenaufbau vermindern bzw. den normalen Knochenabbau

Osteoporose

Unter Osteoporose versteht man eine Abnahme der Knochenmasse pro Volumeneinheit, die das natürliche alters- und geschlechtsspezifische Maß überschreitet. Man unterscheidet die viel häufiger auftretende primäre und die sekundäre Osteoporose, wobei die sekundäre Osteoporose eine Folge von Störungen des Stoffwechsels und des Hormonhaushalts ist. Die primäre Osteoporose wird je nach dem Zeitpunkt ihres Auftretens in die postklimakterische (nach den Wechseljahren) und die Altersosteoporose unterteilt.

Östrogen und Osteoporose

Während der Wechseljahre wird die Östrogenproduktion in den Eierstöcken eingestellt. Der sich damit ergebende Östrogenmangel führt über mehrere Mechanismen zu einem gesteigerten Knochenstoffwechsel mit Abnahme der Knochenmasse. Das aus dem Knochen freigesetzte Kalzium bedingt einen geringfügigen Anstieg der Kalziumwerte im Blut, was wiederum zu einer Verminderung der für das Kalziumgleichgewicht verantwortlichen Hormone führt. Die Kalziumaufnahme aus dem Magen-Darm-Trakt wird vermindert, die Kalziumausscheidung über die Nieren hingegen steigt an.

Molke als Kalziumlieferant.

steigern. Im Allgemeinen werden ihre Auswirkungen erst ab dem 50sten Lebensjahr sichtbar. Die Osteoporose kann das gesamte Skelett betreffen oder auch nur einzelne Knochen. Hauptsymptom der Erkrankung sind starke Knochenschmerzen. Als Komplikation treten Knochenbrüche auf, die zu dauerhaften Veränderungen des Skeletts führen können, zum Beispiel Größenverlust um bis zu 20 Zentimeter und die Ausbildung eines Rundrückens. Die unbehandelte Osteoporose kann bis zur Invalidität und Pflegebedürftigkeit führen. Von besonderer Bedeutung sind vorbeugende Maßnahmen, zu denen neben den hier erwähnten die Hormonersatztherapie bei Frauen in den Wechseljahren gehört. Durch neueste Studien in den USA ist diese Therapie allerdings stark in die Kritik geraten.

Eine spezielle Form der Osteoporose betrifft vor allem Frauen nach dem Ende ihrer Wechseljahre. In dieser Zeit stellen die Eierstöcke ihre Östrogenproduktion ein, und dieser Mangel führt zu einer Abnahme der Knochenmasse. Die Bedeutung der weiblichen Hormone bei der Entstehung der Osteoporose wird durch die Tatsache verdeutlicht, dass neun von zehn Patienten mit Osteoporose der Wirbelsäule Frauen sind.

Der Zusammenhang zwischen Östrogen und dem Knochenstoffwechsel wird insbesondere auch während der Schwangerschaft und Stillperiode deutlich. In der Stillperiode gibt eine Mutter täglich etwa 500 ml Milch ab, was einer Menge von etwa 500 mg Kalzium entspricht. Als Kompensation wird dafür während der Schwangerschaft vermehrt Östrogen gebildet.

Ein Grund, warum diese Krankheit in den letzten Jahrzehnten mehr und mehr ins Gespräch gekommen ist, ist sicher die stark angestiegene mittlere Lebenserwartung. Im Unterschied zu früher „erleben" die Frauen heute die Osteoporose. Mittlerweile wird aber für viele der heute diagnostizierten Osteoporosefälle noch eine andere Ursache diskutiert, nämlich die Mangelversorgung und damit die schlechte Ernährung im Zweiten Weltkrieg und in der Nachkriegszeit. Und das ist auch das passende Stichwort, um das wichtige Thema Vorbeugung einzuleiten.

Gerade weil eine Diagnose der Osteoporose im Frühstadium nur schwer möglich ist, sind prophylaktische Maßnahmen von besonderer Bedeutung. Einerseits scheint zwar in vielen Fällen eine genetische Veranlagung eine große Rolle zu spielen, dennoch gibt es ganz klar Risikofaktoren, die durch das persönliche Verhalten relativ leicht zu beeinflussen sind:

Risikofaktor Nummer 1: Mangelnde körperliche Aktivität.

Die Hauptursache jener Altersosteoporose, von der auch viele Männer betroffen sind, ist aus heutiger Sicht akute Bewegungsarmut. Die Errungenschaften der Zivilisation bringen mit sich, dass sich nicht mehr der Mensch bewegt, sondern die Maschinen, die er zur Erleichterung seines Lebens konstruiert hat. Diesen Vorteil nutzen erfahrungsgemäß besonders die Männer. Man könnte sagen, für viele von ihnen beginnt heute der wohlverdiente Ruhestand schon in den mittleren Jahren und drückt sich am sichtbarsten in der Couchposition vor dem Fernseher oder dem Videogerät aus.

Risikofaktor Nummer 2: Mangelnde Versorgung mit Kalzium und Vitamin D.

Wir haben es an anderer Stelle schon erwähnt: Die tatsächliche Höhe des täglichen Kalziumbedarfs ist nicht leicht zu ermitteln. Das liegt daran, dass sich der Körper bei Kalziummangel unter anderem einfach am riesigen Kalziumdepot in den Knochen bedient. Die daraus entstehenden Mangelerscheinungen können nicht in allen Fällen mit nachträglichen hohen Kalziumgaben ausgeglichen werden. Das ist auch der Grund, warum man heute auf eine ausreichende Versorgung mit diesem Mineralstoff schon in der Jugend achten sollte.

Molke enthält viele von den Nährstoffen, die eine schwangere Frau braucht.

Und hier kann Molke Abhilfe schaffen. Trinkmolke enthält, wie alle anderen Milchprodukte auch, sehr viel Kalzium. (100 ml Süßmolke, das entspricht etwa 68 mg). Zudem verbessert das durch den Molkeverzehr entstehende saure Milieu im Darm die Aufnahme des Kalziums in den Körper. Es gilt: Bei einer Molkekur von 1,5 Litern pro Tag ist der Kalziumbedarf vollständig abgedeckt. Für Frauen generell, insbesondere aber für ältere Menschen und während der Schwangerschaft, kann Molke deshalb eine wichtige Ergänzung zu einer reichhaltigen Ernährung sein.

Molke während Schwangerschaft und Stillzeit

Molke unterstützt die während der Schwangerschaft und der Stillzeit besonders notwendige ausgewogene vitamin- und mineralstoffreiche, aber fettarme Ernährung. Die Ernährung der Mutter spielt für eine gesunde Entwicklung des Kindes im Mutterleib eine wesentliche Rolle. Nach heutigen Erkenntnissen sollte vor allem auf die ausreichende Versorgung mit Folsäure, Eisen, Vitamin B6, B12, Jod und Kalzium geachtet werden. Molke enthält viele von jenen Nährstoffen und Vitaminen, die

Ernährung während der Schwangerschaft

Der Nährstoffbedarf ist bei Schwangeren von Anfang an erhöht, der Energiebedarf steigt erst ab dem 4. Monat um etwa 300 Kalorien an. Das entspricht etwa der Menge eines Früchtemüslis, ist also nicht wesentlich mehr als normal. Richtige Ernährung während der Schwangerschaft bedeutet: viel Obst, Gemüse, Kartoffeln, Vollkorn- und Milchprodukte essen und viel trinken. Fett- und kalorienreiche Lebensmittel wie z.B. Süßigkeiten sollten gemieden werden. Der Verzicht auf mageres Fleisch und Fisch ist nicht sinnvoll, da es sonst leicht zu einem Mangel an Eisen, Jod und an Vitamin B12 kommen kann. Eine Gewichtszunahme von ungefähr 10–12 kg bei normalgewichtigen Frauen ist nicht Besorgnis erregend, der Gewichtsverlauf ist jedoch individuell verschieden und sollte vom Arzt kontrolliert werden.

eine schwangere Frau braucht. Besonders in den ersten Wochen ist Folsäure sehr wichtig, da es zur gesunden geistigen und körperlichen Entwicklung des Kindes beiträgt. Zusammen mit dem Vitamin B12, das die Wirkung der Folsäure aktiviert, ist sie für die Zellneubildung, vor allem für die Bildung der Nervenzellen des Kindes, verantwortlich. Das Vitamin B12 kommt in Pflanzen nicht vor, muss also über Fisch, Fleisch oder Milchprodukte wie Molke aufgenommen werden. Was das Kalzium angeht, haben wir schon im Zusammenhang mit der Osteoporose-Vorbeugung einiges erfahren. Hier noch einmal in Kürze: Für den Knochenaufbau des Kindes ist die Aufnahme von genügend Kalzium wichtig. Ein Teil des zusätzlichen Bedarfs während der Schwangerschaft und Stillzeit kann über die Ernährung zugeführt werden. Zwei bis drei Gläser Trinkmolke reichen dafür in der Regel aus. Mehr zu trinken, schadet natürlich nicht, im Gegenteil. Mit Molkegetränken kann auf gesunde Art und Weise auch der erhöhte Flüssigkeitsbedarf gedeckt werden.

Molke für Kinder

Molkegetränke als Limonadeersatz für Kinder.

In diesem Zusammenhang sei auch noch einmal auf das Trinkverhalten von Kindern hingewiesen. In der Regel trinken Kinder zu wenig und wenn, dann zu viele zuckerhaltige Getränke. Hier ist Molke ein idealer Ersatz. Der hohe Gehalt an Milchzucker kann zumindest einen Teil des Süßigkeitsbedarfs abdecken und zwar ohne schädliche Nebenwirkungen wie Übergewicht oder Zahnkaries.

Auch gegen das berühmte Bauchweh, über das Kinder häufig klagen, und das meist auf falsche Ernährung zurückzuführen ist, hilft Molke in vielen Fällen. Ihre Inhaltsstoffe regeln die Verdauung, verhindern Verstopfung und Blähungen und fördern die Stuhlentleerung auf sanfte Art.

Immunsystem

Molke stimuliert das Immunsystem.

Betrachten Sie diesen Abschnitt als eine Art Resumee dieses Kapitels, wo es um das Vorbeugen und Heilen mit Molke ging. (Siehe dazu Seite 68 ff.) Denn zusammenfassend kann man sagen: Alles, was gesund ist, stärkt auch die körpereigenen Abwehrkräfte – jenes komplexe System also, das unseren Organismus vor Krankheitserregern und Fremdstoffen, aber auch vor krankhaft veränderten körpereigenen Zellen schützen soll. Störungen des Immunsystems führen dazu, dass sich unser Organismus nicht mehr ausreichend gegen bestimmte Bakterien, Viren, Parasiten und Pilze wehren kann. Die Funktionsfähigkeit des Immunsystems kann aber, und darüber sind sich die Wissenschaftler heute einig, durch Faktoren wie gesunde Ernährung, eine funktionstüchtige Darmflora und einen ausgeglichenen mentalen Zustand beeinflusst werden. Fehlen dem Körper auf Dauer gewisse Mineralstoffe und Vitamine, steht der Mensch unter dauerhaftem Stress und vernachlässigt er seine Fitness, dann ist die Immunabwehr erwiesenermaßen herabgesetzt.

Molke ist ein Nahrungsmittel, das neben vielen Vitaminen und Mineralstoffen auch Einweißstoffe wie Albumin und Globulin enthält, die das Immunsystem direkt stimulieren. Aber vor allem die Wirkung des hohen Milchzuckergehalts der Molke auf die Darmflora ist wichtig. Von diesem Milchzucker ernähren sich jene Milchsäurebakterien, die die Darmschleimhaut wie mit einem schützenden Teppich überziehen, und so Krankheitserreger abwehren und das Wachstum schädlicher Bakterien verhindern.

Die Haut

Über unsere Haut kommen wir mit der Welt in Berührung.

Die Haut ist das größte Organ des Menschen und deshalb auch ein entsprechend wichtiges Thema. Die Haut schafft sozusagen den Übergang zwischen innen und außen, und zwar nicht nur in physischer Hinsicht, sondern oft auch in psychischer. Über unsere Haut kommen wir mit der Welt in Berührung und werden von ihr berührt. Die Haut unseres Gesichts, unserer Hände und unseres ganzen Körpers bestimmt einen großen Teil des Eindrucks, den wir auf unsere Mitmenschen machen und damit auch der Reaktionen, die wir bei ihnen hervorrufen. Die Haut verrät, wie wir leben, wie wir uns fühlen, ob wir gesund sind oder krank.

Medizinisch gesprochen ist unsere Haut ein Ausscheidungs-organ und erfüllt lebenswichtige Aufgaben. Sind die Funktionen von Darm, Leber oder Niere gestört, werden schädliche Stoffwechselprodukte zum Teil über die Haut ausgeschieden. Das kann zu Hautunreinheiten oder zu Akne, ja sogar zu Ekzemen und Hautpilzen führen.

Vitamin für die Haut

Die klassische Mangelkrankheit, an der auch ein Zuwenig an Vitamin B2 beteiligt war, ist Pellagra. Pellagra galt als die Krankheit der armen Landbevölkerung und bedeutet soviel wie „Raue Haut". Sie begann immer mit typischen Veränderungen jener Hautpartien, die der Sonne ausgesetzt waren. Auch heute noch sind Symptome von Vitamin B2-Mangel neben Müdigkeit und Konzentrationsschwäche vor allem Hautprobleme wie Rötungen und Schuppenbildung der Haut um Auge, Nase und Lippen sowie eingerissene und entzündete Mundwinkel.

Molke von innen

Molke, die, wie wir jetzt bereits wissen, besonders die Ausscheidungstätigkeit unseres Körpers stimuliert, ist ein Mittel, das von innen her entlastend auf die Haut wirkt. Indem die Molke die Tätigkeit von Darm, Leber und Niere unterstützt, gelangen Giftstoffe schneller aus dem Körper und damit nicht in die Haut. Darüber hinaus enthält Molke auch das wichtige Vitamin B2. Es sorgt nicht nur für die grüngelbliche Färbung der Molke, sondern wird auch das „Vitamin für die Haut" genannt, weil es nachweislich deren Heilungsprozesse unterstützt, und zudem wichtig ist für gesunde Nägel und gesunde Haare.

Cellulite

Eigentlich hätten wir dieses Thema auch schon früher ansprechen können. Zum Beispiel dort, wo es um Übergewicht als Risikofaktor ging. Denn eines ist klar: wer auf sein Gewicht achtet, hat mit Cellulite in der Regel weniger Probleme. Das ist

Die Haut der Frau ist anders strukturiert als die des Mannes. Ihre so genannte Lederhaut ist durch das Östrogen elastischer als jene der Männer und in ihrer Unterhaut finden sich mehr und größere Fett speichernde Zellen (Lipozyten). Die Kollagenfasern, die dort für Reißfestigkeit sorgen, liegen in der weiblichen Haut außerdem parallel nebeneinander, während sie beim Mann netzartig ineinander verwoben sind. Dadurch können sich wachsende Fettzellen zwischen den Kollagenfasern hindurchzwängen und werden an der Oberfläche sichtbar. Der Effekt: Orangenhaut.

allerdings nicht der Grund dafür, dass hauptsächlich Frauen von dieser auch „Orangenhaut" genannten Erscheinung betroffen sind. Es liegt vielmehr am speziellen Aufbau der weiblichen Haut und ihren Reaktionen auf den weiblichen Hormonhaushalt.

Die Erhebungen der Orangenhaut sind im Grunde nichts weiter als vergrößerte Fettzellen, die vom Bindegewebe nicht mehr in der Unterhaut festgehalten werden können und nach außen gedrückt werden. So entstehen die Dellen in der Haut, besonders an den Oberschenkeln und am Gesäß, die man gerne los wäre, weil sie als unschön gelten.

Dieses Phänomen soll hier vom kosmetischen Standpunkt aus nicht überbewertet werden, wir wollen aber dennoch darauf hinweisen, dass es bei gesteigerten Formen der Cellulite durchaus zu gesundheitlichen Folgeschäden kommen kann. Stark aufgeblähte Fettzellen behindern den Abfluss von Lymphe und Blut, Wasser wird in das umliegende Gewebe gepresst und die Haut schwillt noch weiter an. In extremen Fällen steigt auch die Gefahr von Ödemen, Krampfadern und Thrombosen. Veranlagung spielt bei der Cellulite eine große Rolle, denn eine wesentliche Voraussetzung ist eine schwache Bindehautstruktur und die ist in den meisten Fällen erblich. Daneben gibt es die Risikofaktoren wie Übergewicht, meist durch falsche Ernährung und Bewegungsmangel, und das Rauchen.

Warentests haben ergeben, dass Cremen, Gels, aber auch Massagegeräte wenig bis nichts gegen die Cellulite ausrichten können. Noch ist man darauf angewiesen, vorbeugend etwas gegen die unliebsamen Dellen zu unternehmen.

Molke eignet sich dazu aus mehreren Gründen außerordentlich gut. Da sie natriumarm, aber kaliumreich ist, wirkt sie entwässernd. Sie unterstützt das Lymphdrüsensystem und Ansammlungen von Fett, Harnsäure und anderen Substanzen werden sanft aus dem Gewebe abtransportiert. Molke sorgt für eine gesunde Darmflora und damit für eine regelmäßige Ver-

Risikofaktor Rauchen

Rauchen ist gleich doppelt
schädlich, denn Nikotin
verengt einerseits die Blut-
gefäße der Haut und be-
einflusst dadurch den Stoffwechsel negativ, anderer-
seits wirkt es auch direkt
schädigend auf die Kolla-
genstruktur des Bindege-
webes.

*Molke wirkt von
innen und außen.*

dauung – wichtige Voraussetzungen auch für eine gesunde und
schöne Haut. Und Molke hilft als energiereiches, aber kalorien-
armes Getränk dabei, auf vernünftige Art Gewicht zu verlieren
und damit auch die Hauptursache für Cellulite zu bekämpfen.

Molke von außen

Was für die innere Anwendung der Molke gilt, nämlich dass
sie die Gesundheit und Schönheit fördert, gilt auch für ihre
Anwendung von außen. Gerade dafür gibt es Dokumente, die
bis in die Antike zurück reichen. Schon Kleopatra und Popäa
Sabine, die Frau von Kaiser Nero, beides Frauen, die sehr viel
Wert auf ihre Schönheit und Gesundheit gelegt haben, verwen-
deten neben der Eselsmilch auch die Molke als Badezusatz. Und
man tut es auch heute, oder besser, man tut es heute wieder.
Viele Kosmetikhersteller nutzen Molke heute als wertvollen
natürlichen Bestandteil nicht nur für Badezusätze, sondern
auch für alle anderen Pflegeprodukte. Von Seifen über Gesichts-
und Handcremen bis hin zu Haar-Shampoos, Duschgels und
Gesichtswässern gibt es alles zu kaufen, was der Schönheit
und Reinheit förderlich ist. Und was besonders für die Molke
spricht, ist, dass auf ihrer Basis, unter Beigabe von Ölen, Blüten
und Heilkräutern, viele dieser Kosmetikprodukte auch relativ
leicht selbst zu Hause hergestellt werden können.

Molkebad

Vor allem ihr hoher Milchsäuregehalt macht die Molke zu
einem idealen Badezusatz mit natürlichem Hautschutzfaktor.
Die Milchsäure unterstützt den Säuremantel der Haut und
wirkt so gegen schädliche Umwelteinflüsse. Schon etwa zehn
Esslöffel Molkepulver im Badewasser genügen, es können auch
mehr sein, und es entfaltet sich die oft gerühmte entspannende,
entkrampfende und reinigende Wirkung. Wer's einmal versucht
und sich ein oder zwei solcher Vollbäder pro Woche gönnt, wird
das bestätigen können.

Molke ist ein Badezusatz mit natürlichem Hautschutzfaktor.

Es geht aber nicht nur um eine Hebung des allgemeinen Wohlbefindens; darüber hinaus wird Molkebädern und Molkespülungen auch eine heilende und lindernde Wirkung bei Hautunreinheiten, Ekzemen, Flechten, Fuß- und Nagelpilzen und bei Pilzinfektionen im Genitalbereich zugesprochen.

Anleitungen zum Vollbaden

Baden Sie nicht zu oft, da sonst die Haut zu sehr entfettet wird. Baden Sie nicht länger als 20 Minuten. Baden Sie nicht zu heiß, 37 °Celsius genügt, da besonders heißes Wasser zu stark entfettet. Baden Sie nicht mit vollem Magen, da sonst der Kreislauf zu stark belastet wird. Duschen Sie sich nach dem Baden mit kaltem Wasser ab; das schließt die Poren der Haut und regt den Kreislauf an. Pflegen Sie Ihre Haut nach dem Baden mit einer Emulsion oder einem Hautöl.

Hinweis

Vor allem für Menschen mit Venen- oder mit Herz-Kreislaufproblemen sollte die Temperatur des Badewassers 33 °Celsius nicht übersteigen. Auch ansteigende Erkältungsbäder sind zu vermeiden. Während des Badens die Beine am besten auf den Wannenrand lagern. Auf diese Art werden die Venen entlastet. Für Herzkranke empfiehlt sich, das Wasser nur bis zur so genannten Körpernaht, also bis zum Beckenkamm, einzulassen. Ein kurzer, kalter Schenkelguss nach dem Bad fördert Durchblutung und Kreislauf.

Rezepte und Anwendungen

Feine Rezepte mit Molke

von Günter Bucher

Vorspeisen

Fenchelsalat mit Frischkäse

2 Fenchelknollen
100 ml Molke natur
Frischkäse, Wälderkäse od. Mozzarella
Zitrone, Walnussöl, Salz, Pfeffer

Fenchelknollen kleinschneiden und mit der Molke 10 Minuten auf kleiner Flamme kochen. Käse in Scheiben schneiden und zum abgekühlten Fenchel geben. Aus Zitrone, Walnussöl, Salz und Pfeffer eine Marinade mixen und mit dem Käse und Fenchel vermischen, lauwarm servieren. Mit frischen Kräutern dekorieren.

Sellerie-Creme

1 Sellerieknolle groß
500 ml Molke-Suppe
100 ml Sahne
1 Frühlingszwiebel
Salz, Pfeffer, Currypulver

Sellerie in kleine Stücke schneiden und weichkochen, abtropfen lassen und mit der Molkesuppe und der Sahne pürieren. Zusammen mit der Frühlingszwiebel nochmals leicht aufkochen, mit Salz und Pfeffer abschmecken und beim Servieren mit etwas Currypulver bestreuen.

Gemüseschock

versch. frische Saisongemüse
(Karotten, Sellerie, Blumenkohl,
Broccoli, Lauch, Zucchini, etc.)
100 g Magertopfen
50 ml Molke natur
etwas Hühnersuppe
1 Esslöffel Dijon-Senf
1 Knoblauchzehe
Salz, Pfeffer, Petersilie

Gemüse bissfest kochen und kurz mit kaltem Wasser abschrecken. Restliche Zutaten miteinander vermischen und über das lauwarme Gemüse geben, zum Schluss mit feingehackter Petersilie bestreuen.

Bregenzerwälder Käsesuppe

4–5 Portionen
40 g Butter
20 g glattes Mehl
1 Zwiebel, fein geschnitten
500 ml Molke-Suppe
250 ml Rahm
100 g Bregenzerwälder Bergkäse
Salz, Muskatnuss, Pfeffer,
Weißbrotwürfel, Schnittlauch

Butter schmelzen, Zwiebeln anrösten, das Mehl beifügen und leicht anschwitzen. Mit der Molkesuppe und Rahm aufgießen, gut umrühren und ca. 15 Minuten köcheln lassen. Gewürfelten Bergkäse dazugeben,

einige Minuten auf kleiner Flamme wei-
terkochen und würzen. Nochmals gut
durchrühren und in Suppenteller füllen.
Geröstete Weißbrotwürfel und Schnittlauch
dazu servieren.

Karottensuppe mit Jakobsmuscheln

1 große Karotte
1 große Kartoffel
100 ml Milch
300 ml Molke-Suppe
1 Lorbeerblatt
Salz, weißer Pfeffer, Zucker
·1 kg Karotten
8 Jakobsmuscheln
60 g Butter
Kerbel als Garnitur

Karotte und Kartoffel kleinschneiden und
in einem Topf mit der Milch, der Suppe und
dem Lorbeerblatt zugedeckt garkochen.
Mit Salz, Pfeffer und etwas Zucker würzen,
Lorbeerblatt entfernen und das Gemüse im
Mixer fein pürieren. Evtl. durch ein Sieb
streichen. Aus den rohen, geriebenen
Karotten den Saft auspressen und durch
ein feines Sieb passieren. Karottensaft in
die Suppe rühren und nochmals leicht
aufkochen. Das Corail von den Jakobsmuscheln entfernen und die Muscheln in
der Suppe bissfest pochieren.

Serviervorschlag: Jakobsmuscheln herausnehmen und in vorgewärmte Teller anrichten. Mit einem Stabmixer die kalte
Butter in die Suppe einrühren, Gewürze
zugeben und Suppe in den Teller gießen.
Mit Kerbel belegen. Kann auch mit bissfest
gekochten Karotten oder kurz angebratenen
und in der Länge aufgeschnittenen Früh-
lingszwiebeln dekoriert werden.

Bregenzerwälder Brotaufstrich

250 g Ziegenfrischkäse
100 ml Molke natur
2 Esslöffel Sauerrahm
Salz, Pfeffer, frischer Schnittlauch

Frischkäse, Molke und Sauerrahm mit
dem Schneebesen verrühren, mit Salz und
Pfeffer abschmecken und reichlich frischen
Schnittlauch in die Masse geben. Je nach
Konsistenz noch weiter Sauerrahm unterrühren. Wer es würziger liebt, kann noch
frisch geriebenen Bergkäse unterrühren,
statt Schnittlauch fein gehackten Knoblauch
verwenden oder für eine feinere Variante
kurz vor dem Servieren etwas Trüffelöl
unterheben.

hauptspeisen

Seezunge mit Steinpilzen

4 Personen
Seezungenfilets à ca. 250 g,
6–7 Steinpilze, zugeputzt, in 1 cm
Stücke geschnitten
1 feingehackte Zwiebel
150 ml Sahne
100 ml Molke-Suppe
25 ml trockener Weißwein
Butter, Meersalz, Pfeffer, Steinpilzöl

Zuerst die Steinpilze in etwas Butter scharf
anbraten. Die Seezunge mit allen Zutaten
in einen Topf legen und pochieren. Fisch
herausnehmen und im Ofen mit etwas
Butter weiter garen, die Sauce mit den
Pilzen reduzieren, würzen. Den Fisch anrichten und mit der Sauce und den Stein-
pilzen umgießen.
Dazu passen Basmati-Reis und Blattspinat.

Gulasch vom Bodensee-Zander

4 Personen
Rote Paprikaschoten, 50 g Butter
2 Schalotten, 1 Knoblauchzehe,
1 TL Tomatenmark, 1 TL Paprikapulver,
2 EL Butter, 500 ml Molke-Suppe
Salz, Cayenne-Pfeffer, geriebene
Zitronenschale, Majoran, Pfeffer,
Olivenöl kaltgepresst
4 Zanderfilets mit Haut (je ca. 300 g)

Zanderfilets in ca. 3 cm große Stücke
schneiden, salzen, pfeffern und in Olivenöl-
Buttermischung in der Pfanne auf der
Hautseite scharf anbraten. Für die Sauce
Paprikaschoten entkernen und in Würfel
schneiden, mit Schalotten, Knoblauch,
Tomatenmark und Paprikapulver in etwas
Butter dünsten. Mit der Suppe ablöschen.
Kalte Butter zugeben, aufmixen und durch
ein Sieb passieren. Sauce mit den Ge-
würzen abschmecken und über die in Tel-
lern angerichteten Zanderstücke gießen.
Als Beilage passen kleine Salzkartoffeln,
gedünstetes Paprikagemüse und gebratene
Artischocken.

Muscheln im Molke-Weißweinsud

300 g Miesmuscheln
300 g Venusmuscheln
Zwiebeln, Olivenöl
Salz, Pfeffer
200 ml Molke-Suppe
100 ml trockener Weißwein
Lauch, Sellerie, Karotten in feine
Streifen geschnitten (Julienne)
1 Esslöffel kalte Butter
Pfeffer, frische Kräuter (Kerbel, Majoran)

Zwiebeln in Olivenöl glasieren, Muscheln
dazugeben. Mit Molkesuppe und Weißwein
aufgießen, leicht aufkochen und zugedeckt

3 Minuten stehen lassen. Muscheln herausnehmen und den Fond noch etwas reduzieren. Gemüsejulienne in Salzwasser kurz blanchieren, durch ein Sieb abgießen, mit dem Fond vermischen. Muscheln und Gemüsefond erwärmen und die kalte Butter einrühren, Pfeffer und Kräuter darüberstreuen, sofort anrichten.
Ganz fein: In Olivenöl gebratene Steinbutt- und Zanderstücke dazu servieren.

Molke-Risotto süß
4 Portionen
250 ml Molke natur
250 ml Apfel-Trinkmolke
125 g Milch-Reis
25 g Zucker
2 Äpfel, säuerlich
Zimt, Salz, Ingwer

Molke mit Zucker und Salz kurz aufkochen, Milchreis einrühren und bei kleiner Flamme 30 Minuten im offenen Topf köcheln lassen, öfters umrühren. Äpfel schälen und entkernen, kleinere Stücke schneiden und nach der Hälfte der Kochzeit in den Reis geben. Nach dem Kochen mit Zimt und geriebenem Ingwer abschmecken; warm oder kalt servieren.

Apfelschmarren
4 Personen
500 g Mehl
250 ml Sauerrahm
50 ml Apfel-Trinkmolke
3 Eigelb, 1 Ei, Prise Salz
1 TL Vanillezucker
1/2 Zitronenschale, gerieben
1 EL Rum, 2 EL Butter
2 Eiweiß, zu Schnee geschlagen
1 Apfel, in feine Streifen geschnitten
Mandelstifte, Zucker
25 g Butter, in Flocken

Mehl, Sauerrahm, Trinkmolke, Eigelb, Ei, Salz, Vanillezucker, Zitronenschale und Rum verrühren, Eischnee unter die Masse heben. Pfanne mit Butter erhitzen, angerührten Teig eingießen, Apfelscheiben und Mandelstifte zugeben und im vorgeheizten Backofen bei 200 °C backen. In der Pfanne mit der Holzkelle in Stücke spalten, Butterflocken darübergeben, mit Zucker bestreuen und nochmals für 2 Minuten in den Backofen geben.

nachspeisen

Heidelbeerküchle
4 Personen
350 g Mehl
150 ml Milch
100 ml Molke pur
10 g Hefe
30 g weiche Butter
1 Eigelb, Zucker, Salz
250 g frische Heidelbeeren
20 g Butter
Staubzucker

Mehl in eine Schüssel geben, eine Grube
formen. Milch auf Zimmertemperatur erwärmen, Hefe in der lauwarmen Milch auflösen, in die Mehlgrube geben. Zugedeckt
stehen lassen, bis die Hefe aufquillt. Mit
den anderen Zutaten zu einem glatten Teig
verkneten und 1 knappe Stunde stehen
lassen. Pfanne mit Butter erhitzen, aus
dem Hefeteig Nocken ausstechen und mit
Heidelbeeren füllen. Im heißen Fett gold-
gelb ausbacken. Auf Teller geben, mit
Staubzucker bestreuen und z.B. mit selbst-
gemachtem Vanilleeis und frischen Heidelbeeren servieren.

Mousse au chocolat mit Himbeeren
150 g weiße Schokolade
100 g frische Himbeeren
50 ml Trinkmolke Himbeer
2 Esslöffel Zucker
2 Eiweiß, 2 Blatt Gelatine
250 ml Sahne, 1 Esslöffel Himbeerlikör

Schokolade im Wasserbad schmelzen,
Trinkmolke und Zucker aufkochen und abkühlen lassen. Dann mit der Schokolade-
masse verrühren. Gelatine in kaltem Wasser
10 Minuten aufweichen, gut ausdrücken
und in wenig Himbeerlikör auflösen, in die
Masse einrühren. Eiweiß steif schlagen und
vorsichtig unterheben, anschließend die ge-
schlagene Sahne einrühren und mindestens
3 Stunden in einem gekühlten Gefäß in
den Kühlschrank stellen. Mit dem Löffel
Portionen ausstechen und mit frischen und
mit Staubzucker bestreuten Himbeeren servieren.

Fruchtterrine mit Zitronensauce

6–8 Portionen
Früchte der Saison (Erdbeeren,
Himbeeren, Heidelbeeren, Mango,
Litschis, Kapstachelbeeren, etc.),
teilw. in kleine Stücke geschnitten
700 ml Zuckersirup (50 % Zucker auf
100 % Wasser)
4 cl Obstbrand (z.B. Himbeergeist)
Für die Sauce:
150 ml Molkedrink Zitrone
200 g Zucker
1 Limonenschale, in dünnen Streifen
20 g Maizena (Maisstärke)
75 ml Zitronensaft
8 Blatt Gelatine

Die geschnittenen Früchte 1 Stunde in
Zuckersirup und Obstbrand einweichen.
Wasser und Zucker für die Sauce zum
Kochen bringen und die Limonenschale
1 Minute darin blanchieren, herausnehmen
und beseite stellen. Die in kaltem Wasser
verrührte Maisstärke hinzufügen, kurz aufkochen lassen und abkühlen. Zu dieser
Masse die Limonenschale und den
Zitronensaft geben. Eingeweichte Früchte
vorsichtig abgießen und den Sirup in einem
Gefäß auffangen. Zum Kochen bringen und
die in kaltem Wasser eingeweichte Gelatine
darin auflösen, durch ein Haarsieb streichen
und abkühlen lassen. Wenn das Gelee fast
kalt, aber noch flüssig ist, mit den abge-
tropften Früchten mischen und in eine
Terrinenform füllen. Mehrere Stunden im
Kühlschrank kühlen. Zum Anrichten die
Terrine aus der Form nehmen und mit
einem elektrischen Messer in Scheiben
schneiden. Die Scheiben auf Tellern anrichten und mit der Zitronensauce umgießen. Mit Minzeblatt und Staubzucker
dekorieren.

dRinks

Schokodrink

100 ml Schoko-Trinkmolke
20 g Zartbitter-Schokolade
frische Pfefferminze

Schokolade im Wasserbad schmelzen
und in die Trinkmolke rühren, Pfefferminze
klein zerhacken und darüber streuen.

Erdbeerschale

100 g frische Erdbeeren
1 Vanilleschote
150 g Molke natur
2 Esslöffel Sauerrahm

Vanilleschote der Länge nach anschneiden
und Mark herauskratzen. Molke, Erdbeeren,
Sauerrahm und Vanillemark zusammen
pürieren.

Karottendrink

100 ml Molke natur
100 ml Karottensaft frisch gepresst
1 Esslöffel Weizenkleie
etwas Zitronensaft

Molke und Karottensaft verquirlen, Weizenkleie dazugeben, umrühren, mit Zitronensaft abschmecken und gekühlt servieren.

Ananas-Cocktail

100 ml Ananas-Trinkmolke
50 ml Mineralwasser mit Kohlensäure
1 frische Ananas
1 Esslöffel Bienenhonig

Einen Teil der Ananas klein zerschneiden
und mit dem Mineralwasser kurz aufkochen, Bienenhonig darin auflösen und
etwas abkühlen lassen. Masse mit Trinkmolke verrühren und restliche klein ge-
schnittene Ananasstücke unterrühren.

Balaton

150 ml Molke natur
30 ml Karottensaft
1 Roter Paprika
1 Orange
weißer Pfeffer
Zitronenthymian

Paprika entkernen und in kleine Stücke
schneiden, Orange halbieren und auspressen. Paprikastücke zusammen mit
Orangensaft, Karottensaft, Molke und
dem Zitronenthymian kräftig durchmixen.
Mit Pfeffer abschmecken und in hohen
Gläsern servieren.

Limbo

100 ml Trinkmolke Zitrone
25 ml Ananassaft
1 Limette, etwas Zucker
1 Teelöffel Kokosraspel
Eiswürfel

Ananassaft und Limettensaft mit dem
Zucker kurz aufkochen und zur Trinkmolke
geben, mit Eiswürfel schütteln und Kokosraspel darüber streuen.

molkebäder

Molkebad Grundrezept
(Vgl. Angerstein, S.116)
Das Badewasser bei 39 °C einlassen,
6 bis 10 EL Molkepulver oder 2 bis 3 Liter
Molke hinzugeben, bei 37 °C baden.

Molkebad mit Rosmarinöl
(Vgl. Angerstein, s. o.)
20 Tropfen Rosmarinöl ins Badewasser.
Wirkt anregend bei Kreislauf- und Konzen-
trationsschwäche, niedrigem Blutdruck und
Erschöpfung.

Molkebad mit Eukalyptus-, Thymian-, Pfefferminz-, Kampfer- und Cajeputtee-baumöl
(Vgl. Angerstein, s. o.)
Je 5 Tropfen Cajeputteebaum-, Pfefferminz-,
Eukalyptus-, Kampfer- und Thymianöl ins
Badewasser. Dieses Erkältungsbad wirkt bei
grippalen Infekten, Bronchitis, Schnupfen.
Lassen Sie die Badetemperatur bis 40°C an-
steigen. Bleiben Sie so lange im Bad, bis
Sie eine Körpertemperatur von 40°Celsius
erreicht haben.
Vorsicht: Bei einem ansteigenden Erkäl-
tungsbad kann es zu Kreislaufproblemen
kommen.

Molkebad mit Lavendel
(Vgl. Angerstein, s. o.)
Hilft bei Juckreiz, kleinen Wunden, Akne
sowie Nervosität und Einschlafschwierig-
keiten.
10–15 Tropfen ätherisches Lavendelöl oder
ein Liter Lavendeltee aus 50 g getrocknetem
Lavendel ins Badewasser geben.

Molkebad mit Kamille
(Vgl. Angerstein, s. o.)
Gut bei Reizungen des Magen-Darm-
Trakts und allgemein bei Entzündungen.
20 Tropfen Kamillenöl oder ein Liter
Kamillentee aus 50 g getrockneten
Kamillenblüten ins Badewasser geben.

Molkebad mit Ringelblume
(Vgl. Harland, S. 42)
Wirkt entzündungshemmend und gegen
unreine Haut.
10 TL Ringelblumenblüten mit 2 Liter
heißem Wasser übergießen, Sud 10 Minuten ziehen lassen, Blüten abseihen und
den Sud in das Badewasser (max. 37 °C)
schütten.

Molkebad mit Mandelöl

(Vgl. Angerstein, s. o.)
Hilft bei trockener Haut. Zwei Esslöffel Mandelöl ins Badewasser geben.

Molkebad für Babys

(Vgl. Harland, s. o.)
Je nach Wannengröße 5–10 EL Molkepulver ins 36 °C warme Badewasser geben. Dazu 2–3 EL Honig, 1/2 l Kamillentee oder 5–10 Tropfen Kamillenextrakt.
Nicht länger als 12–15 Minuten baden.
Vorsicht: Manche Babys mit empfindlicher oder leicht allergischer Haut vertragen Kamille nicht. Kamille wirkt beruhigend, aber auch austrocknend. Verzichten Sie bei einer Unverträglichkeit auf den Kamillenzusatz.

Nagelbad für Hand und Fuß

(Vgl. Harland, s. o.)
5 EL Molkepulver für eine Fuß- oder 3 EL Molkepulver für eine Handbadewanne, 1–2 EL Olivenöl in warmem Wasser auflösen und Hände und Füße 15 Minuten darin baden.

Haut-Erfrischungsbad

(Vgl. Lünn, Molke Entschlacken – Kuren, S. 78)
Wirkt vitalisierend auf Haut und Körper.
Je 50 g Pfefferminz, Kamille, Lavendel, Holunderblüten und frische Fichtensprossen mischen. Alles 25 Minuten lang in 2 l Wasser kochen, durchseihen und dem 35–36 °C warmen Badewasser mit 1 EL Honig und 4–5 EL Molkepulver beimengen. Nach dem Bad kühl abduschen und mindestens 20 Minuten entspannen.

Molkebad mit Weizenkleie

(Vgl. Lünn, Molke Entschlacken – Kuren, S. 78/79)
Wirkt gegen Akne auf Rücken und Dekolletee und lindert Reizungen und Jucken der Haut.
Etwa 1 kg Weizenkleie in 5 l Wasser aufkochen und den Brei in das 37 °C warme Badewasser geben. 15–20 Minuten darin baden, danach warm anziehen und mindestens 20 Minuten ausruhen.

Kosmetik

Gesichtskompresse

*(Vgl. Lünn, Molke Entschlacken –
Kuren, S. 118)*
Kompresse in 150 ml lauwarme Molke
mit 5 Tropfen Lavendelöl tauchen, leicht
auswringen und 20 Minuten auf das
Gesicht legen.

Warme Molkekompresse
für normale Haut

(Vgl. Angerstein, S. 120)
Kompresse in 1/4 l Molke tauchen,
auswringen und 20 Minuten auflegen.

Molkekompresse für fettige Haut

(Vgl. Angerstein, S. 119)
150 ml Gurkensaft, 2 gehäufte TL
Molkepulver, 1 TL Zitronensaft mischen,
Kompresse eintauchen, auswringen und
20 Minuten auf der Haut einwirken lassen.

Molke-Gesichtsmaske

(Vgl. Angerstein, s. o.)
80 g zerkleinerte Gurke, 1 TL Zitronensaft
und 1 gehäufter TL Molkepulver mischen
und als Maske auftragen. Bis zum Trocknen
mindestens 40 Minuten einwirken lassen
und mit lauwarmem Wasser abspülen.

Molke-Peeling für trockene Haut

(Vgl. Angerstein, S. 118)
1 El Molkepulver, 1 TL Honig, 1 EL Joghurt
und 3 Tropfen Zitronensaft vermischen,
auftragen, ca. 2–3 Minuten einwirken lassen
und mit kreisenden Bewegungen unter
kaltem Wasser abwaschen.

Molke-Haarkur

(Vgl. Harland, S. 44)
Verrühren Sie 1 Eigelb, 0,1 l Molke und 1 TL
Zitronensaft miteinander und massieren
Sie die Paste nach dem Haarewaschen in
das noch nasse Haar. Wickeln Sie nun ein
Handtuch um den Kopf und lassen Sie die
Haarkur 10 Minuten einwirken. Danach
gründlich auswaschen. Eine Anwendung
einmal in der Woche reicht.

Register

A

Abführmittel 20
Albumin 48 f. 79
Altersosteoporose 41 74 76
Aminosäure **45 ff.** 50 56 58 72
Ausscheidung **68 f.** 82

B

Ballaststoffe 61 65
Bindegewebe 46 59 83 84
Blähungen 43 **69** 78
Bluthochdruck 61 **70 f.** 72
Broca, Paul **62**
Bruch 31
Buchinger, Dr. Otto 66

C

Carnetin 48 **49**
Cellulite **82 f.**
Cholesterin 65 72 **73 f.**
– HDL 64
– LDL 74

D

Darmbakterien 43 f. 56 69
Darmschleimhaut 43 f. 79
Darmstörungen 16
Diabetes 61 **71 f.**

E

Eisen 38 50 57 59 77
Eiweiß 56 59 61 64 67 69
    74 89 92
Eiweißstoffwechsel 59 69 f. 72
Eiweißmangel 64 66 f.
Enzyme 43 45 50 59

F

Fasten 46 63 f.
– Heilfasten nach Buchinger 66
– modifiziertes Fasten 65
– strenges Heilfasten 65 f.
– totales Fasten 65
Fett 38 45 f. 48 53 f. **56** 61 f.
    64 72 f. 83
fettarm 37 39 41 70 72 f. 76
fettlöslich **53**
Fettsäuren 48 f. 66
Fettstoffwechsel 58 72
Fettverbrennung 48
Fettzellen 83
Flüssigkeitsbedarf 40 f. 51 78
Folsäure 54 58 **59** 70 77 f.

G

Galactose 41
Galen (Claudius Galenus)
    16 f. 69
Gebsen 24
Gicht 16 19 48 61 70
Giftstoffe 20 44
Glucose 41 **71 f.**
Glutathion 48

H

Harfe 27
Haut 51 54 57 68 70 **82 f.** 97 f.
Hauterkrankungen 16 19
Harnsäure 48 69 f. 83
Heilmittel 14 15 ff. 60 68
Heim, Ernst Ludwig 18
Herz 55 71 **72 ff.** 85
Herz-Kreislauf 58 **72** 85
Herzinfarkt 64 72
Herzschwäche 41

Hippokrates

Hippokrates **15 ff.**
Hormone 43 45 50 73 75
Hormonersatztherapie 75
Hufeland, Christoph Wilhelm
    18 f.

I

Immunsystem 43 45 59 f. 79
Immunglobuline 48
Insulin 42 45 72

K

Kalium 38 **50** 52 **57** 69 71
Kaliumbedarf 52 58
Kalorien 46 77
Kalzium 38 41 49 50 **51 f. 56**
    69 75 f. 78
Kalziumbedarf 52 76 f.
Kasein 28 f. 38 f. 46 f. 73
Käse 15 21 **22 ff.** 38 f. 47
Kinder 40 ff. 51 f. 62 78
Kleopatra 15 84
Kohlehydrate 45 f. 53 61 64
    66 71
Kohlehydratstoffwechsel 58 72
Körpergewicht 60 62
Kupfer 38 50 57

L

Lab 38
Lactase 42
Lactoflavin 54
Lactose 39 41 43
Lactose-Unverträglichkeit 43
Leber 16 41 f. 44 49 55 68
    73 f. 82

Weiter-Führende Literatur

Joachim H. Angerstein: Gesund und schlank mit Molke, Midena Verlag 1999

Friedrich Bohlmann: Fit mit Molke, Verlag Gräfe und Unzer 2000

Petra Hopfenzitz: Mineralstoffe, Verlag Gräfe und Unzer 1996

Bernd Küllenberg: Abnehmen mit Molke, Ludwig Verlag 1999

Maren Lünn: Die Lünn Molke Diät, Jürgen Schmidt Verlag 1999

Molke, der Wohlfühldrink aus der Natur, Agrarmarkt Austria Marketing 2002

G.A. Ulmer: Der neu entdeckte Gesundheitshit – Molke, Günter Albert Ulmer Verlag

Ulla Unger-Göbel: Vitamine, Verlag Gräfe und Unzer 1996

impressum

© 2005 Hämmerle Verlag Hohenems
Alle Rechte vorbehalten

ISBN 3-902249-74-9

Text
Wolfgang Mörth, Bregenz
Günter Bucher, Götzis

Fotografie
Robert Fessler, Lauterach

Lithografie
Prepressstudio
Günter König, Weiler

Gestaltung
Dalpra & Partner, Götzis
René Dalpra, Sarah Riedmann
und Joachim Zettl

Lektorat
Christoph Strolz, Wien

Druck
Hämmerle Druck Quintessence,
Hohenems

Printed in Austria

Dank an Familie Ingo Metzler
für die Hilfe und Zusammenarbeit bei
der Herstellung dieses Buches.